Hombres Fuertes en Tiempos Difíciles

Edwin Louis Cole

✂ EDITORIAL BETANIA

«El movimiento entre los hombres se dirige a sus necesidades reales, pero demasiado a menudo ha seguido actividades tangenciales y sensacionalistas. En *Hombres fuertes en tiempos difíciles*, Edwin Louis Cole dirige su atención al hombre de los hombres, Jesucristo, y dice cómo Él nos habilita para ser fuertes en carácter y bondadosos de corazón. RECOMIENDO CON ENTUSIASMO ESTE LIBRO».

Robert McGee
Presidente y fundador, Centros de Tratamientos Rapha

«De nuevo, Edwin Louis Cole ha lanzado un dramático mensaje a los hombres de los noventa. *HOMBRES FUERTES EN TIEMPOS DIFÍCILES* ESTÁ LLENO DE ILUSTRACIONES Y CONSEJOS PRÁCTICOS QUE LOS HOMBRES NECESITAN PARA UNA VIDA VICTORIOSA».

Pat Robertson
Presidente, Cadena de Radioemisoras Cristianas

«*Hombres fuertes en tiempos difíciles* describe lo que cuesta ser un misionero en otra cultura. Cómo habría deseado tener este libro como texto durante los dieciocho años que dirigí en la jungla un centro de Wycliffe para nuevos misioneros».

Wayne P. Nicholes
Misionero por 42 años de Wycliffe Bible Translators

«En *Hombres fuertes en tiempos difíciles*, Ed Cole enlaza los atributos de la hombría que se parece a la de Cristo que capacitarán al hombre a pelear en contra del error en los tiempos difíciles que tenemos por delante. ALIENTO A TODO "HOMBRE DE VERDAD" A LEER ESTE LIBRO».

Tommy Barnett
Pastor, Primera Asamblea de Phoenix

«EN *HOMBRES FUERTES EN TIEMPOS DIFÍCILES* COLE NOS MUESTRA CÓMO LLEGAR A SER TODO LO QUE EL HOMBRE NECESITA Y QUIERE SER».

Gavin Mac Leod
Actor

«Pocos hombres impactan a sociedades y naciones fuera de las suyas, pero he conocido hombres por todo el mundo que fueron influenciados por los libros de Ed Cole. *HOMBRES FUERTES EN TIEMPOS DIFÍCILES* SIN DUDA IMPACTARÁ A ESTA DESFALLECIENTE GENERACIÓN DE HOMBRES ATURDIDOS Y DESILUSIONADOS».

Don Ostrom
Presidente, Servicios Gerenciales Ostrom

«Edwin Louis Cole está haciendo un trabajo hermoso y determinante en la línea de ataque de la guerra espiritual».

Theodore Baehr
Presidente, Comisión de cine y televisión cristianas

«Nuestra generación enfrenta un desastre ambiental peor que la pérdida de los gorilas espalda plateada. Es la sistemática extinción de "el hombre masculino". Los hombres desafían el laberinto de la masculinidad a través de hogares sin padre, parejas desinformadas, modelos fallidos y un pervertido bombardeo de los medios de comunicación que distorsionan la verdadera hombría. *HOMBRES FUERTES EN TIEMPOS DIFÍCILES* NOS DA UN CERTERO DIAGNÓSTICO DE LA CRISIS DE LA MASCULINIDAD Y ES LA MEDICINA APROPIADA QUE LOS HOMBRES NECESITAN PARA OBTENER EL ESPÍRITU, EL PODER Y LA CONVICCIÓN DE LA HOMBRÍA».

Tom Sirotnak
Director Nacional Red Victory

«Cómo quisiera poder comunicar a los hombres la forma en que la influencia de las palabras de Ed Cole ha influenciado mi vida».

Carman
Músico

«El ministerio de Edwin Louis Cole cambió mi vida, cambió mi matrimonio».

Reggie White
Green Bay Packers

«El pensamiento desafiante de Ed Cole en *Hombres fuertes en tiempos difíciles* saca a los hombres de la zona de comodidad y desafía las actitudes débiles que han hecho que los hombres escapen de sus responsabilidades. Está escrito para que cualquier hombre descubra todo lo que se dice en relación con la hombría».

Bob Moorehead
Pastor, Iglesia Cristiana Overlake

«Ed es un hombre ungido por Dios. Su ministerio está trayendo a los Estados Unidos a un punto de arrepentimiento y avivamiento».

James Robison
Evangelista

«Doy gracias a Dios por el ministerio a los hombres del Hermano Cole».

Barry Sanders
Leones de Detroit, ganador del trofeo Heisman

«El mensaje no comprometido de Edwin Louis Cole ha conmovido y motivado los corazones de los atletas profesionales y universitarios para utilizar sus talentos para el evangelio de Jesucristo».

Larry Kerychuk
Director ejecutivo, Ministerios Internacionales de Atletas

«La filosofía de Ed Cole está en consonancia con el concepto bíblico de "Muere como un hombre". *HOMBRES FUERTES EN TIEMPOS DIFÍCILES* DESAFÍA A TODO HOMBRE PARA QUE SEA LO QUE DIOS QUIERE QUE SEA, Y DESARROLLE TODO SU POTENCIAL PARA DIOS».

Karl Strader
Pastor, Iglesia Carpenter's Home

Hombres fuertes en tiempos difíciles habla al corazón de los problemas que confrontan los hombres. SI USTED QUIERE ESTAR EN EL PUNTO MISMO DE LO QUE DIOS ESTÁ HACIENDO, ESTE ES EL LIBRO PARA USTED».

Steve Solomon
Director, Asociación Nacional de Evangelistas

«Un mensaje; un movimiento; un hombre que se ha levantado. Ed Cole, con su química espiritual única, está restableciendo la antigua marca moral borrada por una generación que ha perdido el camino».

George Otis
Presidente, Ministerios High Adventure

«En la castrada sociedad de hoy pocas personas han hecho tanto para llevar a la verdadera hombría a su punto máximo como Edwin L. Cole».

Pat Boone
Artista

«Este es un hombre con la palabra justa para los hombres de hoy».

Mike Singletary
Chicago Bears

«El ministerio de Edwin Louis Cole es una experiencia que cambia la vida. Yo he tenido el gran privilegio de escucharle, y nunca volveré a ser el mismo».

David Mainse
«100 Huntley Street», Canadá

«Los libros y videos de Ed Cole han producido más "frutos que permanecen" —devoción, justicia, santidad— que ningún otro ministerio».

Jim Garlow
Pastor, Capilla Nazarena Metroplex

«El impacto del ministerio de Ed Cole está conmoviendo a las naciones».

Morris Cerullo
Presidente, Evangelización Mundial

«Edwin Cole tiene un mensaje de poder para los hombres».

Demos Shakarian
Fundador, Compañerismo Internacional de
Hombres de Negocio del Evangelio Completo

© 1994 EDITORIAL CARIBE
P.O. Box 141000
Nashville, TN 37214-1000

Título del original en inglés: *Strong Men In Tough Times*
©1993 Edwin Louis Cole
Publicado por *Creation House*

Traductor: *Eugenio Orellana*

ISBN: 0-88113-264-0

Impreso en EE.UU.
Printed in U.S.A.

E-mail: caribe@editorialcaribe.com

4ª Impresión

Dedicado a la memoria de tres hombres fuertes:

*Ralph David, un «hombre de Dios» que nunca
conoció a un hombre sin influenciarlo para Dios.
En mis recuerdos de niño todavía puedo ver
aquellos ojos azules semicerrados y llenos
de lágrimas mientras oraba,
oír su voz hablándonos de Jesús
con amoroso interés y lo visualizo llevando su
enorme Biblia negra adondequiera que iba.*

*Ralph Calkins, mi «segundo padre», quien me amó
aun en mis días de rebeldía y perversidad,
cuya paciencia con este pródigo me ayudó a volver
a mis sentidos.*

*C.E. Britton, «hombre entre hombres»,
cuya columna vertebral deformada a causa de un
accidente en la niñez le negó momentos sin dolor,
que, no obstante, llegó a ser uno de los
eruditos y expositores bíblicos más
prestigiosos del mundo; un verdadero
«príncipe del púlpito» que me enseñó con su
ejemplo la verdadera grandeza del hombre.*

AGRADECIMIENTOS ESPECIALES

◆

GRACIAS A TODO el personal de la Christian Men's Network, cuyo eficiente trabajo me dio el tiempo para concentrarme en este libro.

A George Turrentine por el equipo con que pude escribir.

A Joann Cole Webster, cuyos infatigables esfuerzos me animaron a perseverar y cuya vida devocional nos ayudó a todos a mantenernos concentrados.

A la editorial, los editores, mecanógrafos y otros que transformaron pensamientos y verdades en una realidad práctica.

A los hombres y mujeres cuyas vidas quedan registradas en estas páginas.

A los que lean este libro, aprendan de él y se preparen hoy para el mañana.

CONTENIDO

◆

UNO

◆

EL DESAFÍO

El hombre es más que el mensaje. El mensaje es creíble cuando el hombre lo es.

RECIENTEMENTE, DESPUÉS de haber ministrado a un grupo de hombres en la costa este, abordé un avión para dirigirme a casa. El aparato destellaba majestuosamente sobre la pista, pero adentro, las filas de asientos parecían más apropiadas para un bus escolar que para viajeros adultos. Mientras trataba de acomodar mi valija debajo del estrecho asiento delante del mío, empujé a la persona que estaba sentada a mi lado.

«¿No podrían poner otros pocos asientos en este avión?», dije bromeando, un poco molesto.

Mi vecino, impecablemente vestido, me saludó con cordialidad, de modo que empezamos a charlar. Se llamaba Charles y era ejecutivo de una bien conocida compañía de inversiones. Cuando le dije que mi ocupación era escribir y dar conferencias en un ministerio para hombres, su rostro se ensombreció levemente y su conversación se tornó seria. Desde su ventajosa posición de economía global, confió en mí sus temores sobre este cambiante mundo.

Tan difíciles son los tiempos a los que estábamos entrando

que había desarrollado una profunda preocupación por el bienestar de sus hijos. A pesar de ser un padre dedicado, había tenido un sentimiento de pesar por haber traído hijos al mundo que tendrían que enfrentar lo que él ahora consideraba un futuro difícil y peligroso. Su preocupación paternal le había llevado a cambiar su estilo de vida, y ahora pasaba más tiempo preparando a sus hijos educacional y moralmente.

«Siento la responsabilidad de ayudarles a estar preparados para lo que viene», me dijo.

Sus declaraciones son un eco de la creciente preocupación que he oído de hombres de todo el mundo. En años recientes, he notado esa tendencia tanto en África del Sur como en Noruega, Alemania, Nueva Zelandia, Australia, Inglaterra, México y las Filipinas. Aunque cada nación tiene sus propios problemas, hay una decadencia moral y espiritual básica que lleva a este dilema: los hombres parecen sentirse penosamente responsables, pero fuera de control.

En toda la historia humana, jamás ha habido una época donde clamar por hombres fuertes haya sido más alto o la necesidad más grande.

El sueño

Todos los hombres sueñan con ser alabados como héroes, pero pocos saben lo que eso significa ni cómo alcanzarlo. Dios creó a los hombres para que fueran líderes y héroes. Por esto es que todos soñamos con ser protagonistas de algún acto heroico: Es el final del noveno *innings* del séptimo juego de la Serie Mundial. Su equipo está perdiendo cinco a dos. Las bases están llenas. Usted está al bate, y la cuenta es tres bolas y dos *strikes*. Sólo tiene una oportunidad más para batear. Lo hace, y envía la bola zumbando sobre la valla del jonrón y corre, pisa las bases y entra a la historia. O su novia está tendida sobre los rieles del tren; ha sido atada por el villano que huye. Usted la rescata justo a tiempo. ¡Su héroe! O usted lleva comida a través de la horrorosa jungla para salvar a los niños hambrientos. De tales cosas están hechas las fantasías heroicas.

Pero lejos de vivir vidas heroicas y fuertes, los hombres luchan por recuperar un sentido de hombría que parece haberse desvanecido. A través de reuniones poco formales, libros, conferencias, nuevas filosofías y religiones, tratan de recuperar algo de la virilidad perdida, el hálito de un sueño. Una fuerza intangible ha castrado esa hombría, una cualidad que parece perdurar sólo en los libros de historia y en las biografías. Mientras más tratan de alcanzarla los hombres, más inalcanzable parece y más se frustran.

Los hombres saben que algunas cosas son más importantes que la vida misma. Los héroes, los mártires y los soldados dan la vida por causas que consideran más valiosas que ellos mismos.

En la búsqueda de autosatisfacción, de autoconocimiento y de autogratificación, los hombres han perdido de vista lo que es ser un hombre, un héroe, un líder. Hemos cambiado moralidad por privilegios económicos. Hemos perdido nuestra dignidad como productores en la masa trabajadora. Frustrados, hemos sucumbido a la presión de la hombría gastada y hemos entregado nuestros ideales a acciones inmorales, ilegales, faltas de ética o irresponsables.

El mundo está buscando hombres fuertes que superen filosofías a la deriva y traigan de nuevo orden, esperanza y dignidad a un mundo que desesperadamente necesita de héroes. La inmoralidad, la avaricia, el orgullo y el miedo a una calamidad financiera han cobrado su precio. Los estadistas han sido tragados por políticos oportunistas. La mayordomía en los grandes negocios ha sido devorada por la codicia. La tutela filantrópica ha sido saqueada por el orgullo. El aprendizaje ha sido flagelado por la eficiencia financiera.

El mundo de hoy progresa tecnológicamente, pero retrocede

moral y espiritualmente. Padres que tratan de motivar a sus hijos para que sean buenos ciudadanos, obedientes de las leyes, que exhiban integridad y se conduzcan moralmente están disgustados con la ferocidad de la lujuria de quienes demandan licencia para su lascivo estilo de vida. Están hastiados de una juventud rebelde que anda por nuestras calles mejor armada que la policía, escuchando una música llena de odio que contamina el aire e inspira rebelión contra las autoridades y la familia. Ante tal afrenta, los padres son presentados como una anacrónica reversión a la era victoriana que no tiene relevancia en las modernas tradiciones. Su única preocupación es insultar a sus padres.

No es de extrañar que el proverbio diga: «El bueno odia la maldad del malo. El malo odia la bondad del bueno».[1] Los hombres en los Estados Unidos han descendido a nuevos niveles de mentiras, fraudes y robos, especialmente entre los jóvenes. En el Oriente, donde existe un estándar más alto para la honestidad escolar, la generación más vieja está preocupada por la corrupción que ven en sus hijos que asisten a la escuela en los Estados Unidos, quienes sucumben ante un patrón moral más bajo y vuelven a sus países a hacer fraude en los exámenes.

Los políticos y eruditos que claman por normas más altas, mayor respeto a la familia y buena voluntad entre los hombres son motivo de mofa por la prensa liberal. Ellos son pararrayos para la gran mayoría de la gente que sigue tratando de mantener los valores morales, la conducta ética y el carácter honesto no obstante la declinación cultural.

La fuerza

La fuerza de un hombre está en su fibra moral.

La fuerza siempre la demuestra la resistencia. Para probar

---

1   Proverbios 29.27, versión libre.

cuán fuerte es un pegamento, lo ponemos entre dos pedazos de material y tratamos de separarlos. La fuerza de un matrimonio está determinada por su habilidad de resistir las fuerzas que tratan de separar a la pareja. La fuerza de una nación, de una iglesia o de la familia depende del carácter de sus miembros para resistir las presiones que quieren separarlos. La mayoría de las naciones y familias derrotadas colapsan desde adentro, lo cual las hace vulnerables desde afuera.

Lo mismo es aplicable a los individuos. La fuerza interior de un hombre determina su habilidad para resistir las tentaciones, las acusaciones, las persecuciones, las seducciones, las mentiras y otras presiones que tratan de derrotar su virilidad. El hombre debe tener fuerza para luchar contra lo malo y a favor de lo justo. El mundo necesita hombres fuertes.

Dios creó al hombre y a cada otro ser viviente y les ordenó que produjeran según su propia especie. De acuerdo a los designios de Dios, las plantas producen frutos. Las ostras producen perlas. Los hombres producen hombría. Dios no espera que el hombre produzca ángeles o perfección. Lo único que espera de los hombres es hombría.

Un hombre ejemplificó perfectamente los rasgos de la hombría que tanto se nos escapan hoy. Él los retuvo al dar su propia vida. Aceptó la responsabilidad no sólo de sus propios actos, sino de los del mundo entero. Enseñó a los hombres que si uno solo perdía la vida, podría en verdad ganarla. Por el ejemplo de su vida y sus enseñanzas, nos dejó los principios que siempre podrán hacer de nosotros héroes.

En los Estados Unidos no podemos mencionar su nombre en lugares públicos; no debemos alabarlo ni celebrar abiertamente su nacimiento ni su muerte; ni se nos ocurra mencionar su nombre en oración en reuniones políticas (aunque los políticos dependen de sus palabras para elaborar sus discursos y juran defender las leyes que Él estableció y que cumplió en la tierra).

Aunque ha habido fuerzas que han tratado de borrarlo de la conciencia de la sociedad, continúa enseñando a los hombres cómo alcanzar la grandeza, cómo llegar a ser un hombre de veras, cómo alcanzar el heroico éxito que soñamos alcanzar. Este hombre es Jesucristo.

No es el Cristo de los religionistas ni el «gran hombre» de los filósofos, sino el Cristo de Dios, la encarnación de todo lo que originalmente creó en el hombre, la «imagen» de Dios. Así como Dios una vez escribió sus mandamientos en las tablas de piedra de Moisés, ahora, gracias a la capacidad del Espíritu de Cristo de habitar en el individuo, los escribe en las tablas del corazón de los hombres.[2] Los hombres de Dios desean hacer la voluntad de Dios no externamente, motivados por una situación legal, sino internamente, por un deseo espiritual creado por Dios mismo. Esa Presencia interior rehace el espíritu del hombre y renueva su mente.

Para que los hombres sean hombres una vez más, es necesario recuperar el espíritu de hombría en virilidad e integridad, el poder de hombría en productividad y liderazgo, y la convicción de hombría en determinación y excelencia moral.

Estamos entrando en tiempos difíciles para este mundo. Ahora más que nunca es difícil hacer nuestros sueños realidad. Dios dijo que la tierra se gastaría como un vestido.[3] Los hoyos en la atmósfera terrestre son indicadores de la veracidad de la afirmación de Dios. Las señales de los tiempos, como lo adelantaron los profetas de Dios, presagian las dificultades que hay por delante. El mundo está en una transición, Europa está enfurecida, Asia está agitada y África está amenazada por la anarquía. Además de eso, Estados Unidos ya no es la nación cristiana que

2   2 Corintios 3.3.
3   Isaías 51.6.

una vez fue, sino que se está transformando en una nación extraña para los cristianos comprometidos. Necesitamos darnos cuenta que se va a necesitar ser fuerte para vivir exitosamente y hacer los sueños realidad.

Así como los estándares morales absolutos están siendo reemplazados por la ética situacional; lo bueno y lo malo es borrado por lo que es políticamente correcto; la sedición es aceptada como una norma de cambio; la verdad está retrocediendo...

Así como la justicia está siendo pervertida por los legalismos; los legisladores están más preocupados por los derechos de los criminales que por las víctimas y sus familias; se legaliza el genocidio para los nonatos, los enfermos, los ancianos...

Así como las guerras tribales crean el hambre; los vecindarios llegan a ser fortificaciones; la gente vuelve a antiguos métodos «amurallándose» para defenderse de los invasores...

Así como la filosofía humana llega a degenerarse en una forma de solipsismo, la «adoración del yo», donde lo único correcto en la vida es lo que gratifica a uno...

Así como el sistema de valores que da forma a las relaciones se ha hecho introvertido y la cultura misma está perdida en un burdo egoísmo, el cual en sí mismo es la esencia del pecado...

Cuando encontramos que estas cosas están ocurriendo, el mundo se transforma en un lugar más y más peligroso. En tal mundo, el miedo hace que los corazones de los hombres fallen. El miedo reemplaza a la esperanza. La realidad encuentra su escape en la fantasía. Sucumbir ante el deseo de creer una mentira es más fácil que contender por la verdad.

En este ambiente, la voz que promete reprimir el desenfreno y traer estabilidad y paz a las gentes de las naciones no solamente será oída, sino que se le dará paso. La gran masa respetuosa de la ley en las naciones alrededor del mundo estará dispuesta a ceder toda autoridad a esta persona a cambio de promesas de paz, sin importar sus valores morales y espirituales. El pronóstico realista aunque horrible, si tal cosa acontece, es que el mundo tendrá un líder que usará los elementos de criminalidad fanática en entendimiento concertado para controlar a todas las personas que voluntariamente se rinden ante su poder.

Tal cosa no será la primera vez que ocurra, pero es posible que sí sea la última.

El modelo

En un tiempo similar en la historia antigua, un hombre que usó los principios piadosos que Cristo habría de encarnar cientos de años después llegó a ser la más grande influencia en el mundo. Aquel hombre mantuvo firmes sus creencias religiosas, enfrentó la dura realidad de su época y contendió por la verdad en un mundo de mentiras y de imágenes falsas. Estaba dotado de los atributos que hacen grandes a los hombres: integridad, excelencia moral, carácter, espíritu piadoso, perspicacia política, un tremendo valor, decisión y una apariencia fuerte y agradable que emanaba de un espíritu a toda prueba. Vivió bajo persecución, trastornos políticos y opresión; sobrevivió a conspiraciones en su contra, a falsas acusaciones, a encuentros casi mortales, a desastres económicos y a la guerra. Era un hombre fuerte para los tiempos difíciles en los cuales le tocó vivir. Daniel era su nombre; servir a Dios era su anhelo.

Tres mujeres me hicieron recordar a Daniel cuando visitaba Harare, Zimbabwe. Mientras yo viajaba a través de su país realizando reuniones, se acercaron a Chris, un ex inspector de policía que me ayudaba, y le dijeron que querían explicarme algo. Mi agenda completamente llena no me permitía reunirme con ellas, pero de todos modos Chris me dio el recado.

Como ex militar, Chris primero me dio un trasfondo de su país. Rodesia había estado envuelta en un conflicto armado durante unos catorce años antes de llegar a ser Zimbabwe. Durante la guerra, los hombres pasaban seis semanas peleando, luego seis semanas en casa trabajando antes de volver nuevamente al frente. La tensión y ansiedad en los hogares y en la nación eran evidentes.

Durante la lucha, piadosas mujeres se reunían para orar por sus hombres y por la nación. Con el correr de los días, la gente empezó a llamarlas «las Ester», en referencia a la reina que salvó a su pueblo de la destrucción. Las mujeres rodesianas, al orar por su nación, creían que habían llegado al país «para un tiempo como este».[4]

Después de años de lucha, la guerra terminó abruptamente. Cuando los hombres volvieron a sus hogares, las mujeres se dieron cuenta que se habían vuelto pasivos, complacientes y aletargados. «Las Ester» vieron que la necesidad de intercesión ahora era mucho más urgente que durante la guerra. Cuando oraban por cada hombre, sus familias y el peso de la responsabilidad que llevaban, la respuesta llegaba. Creo que esta palabra es verdad no sólo para los hombres de Zimbabwe, sino para todos los hombres de esta generación. Es bien simple y a la vez profundo: *«Hubo un tiempo para las Ester, pero hoy es el tiempo de los Daniel»*.

Sus palabras trajeron a mi memoria la historia de Daniel. Daniel era un adolescente cuando su país se derrumbó por el pecado y la degradación moral. Nabucodonosor, el rey conquistador de Babilonia, lo escogió para entrenarlo y prepararlo para que sirviera como asesor en asuntos foráneos. La integridad de Daniel, su carácter y su confianza en Dios ayudó a sus amigos cautivos que se destacaron con él en cuanto a estima y prominencia. Las predicciones e interpretaciones que Dios le dio le ganaron la estima del rey. Llegó a ser un estadista, el segundo en autoridad después de Nabucodonosor, y se mantuvo en esa

4   Ester 4.14.

posición durante el reinado de tres reyes y sus respectivas administraciones. Ya anciano, fue echado a los leones, sólo para recibir la protección de Dios.

Quizás nunca podamos alcanzar la reputación que Daniel mantuvo desde su juventud. Pero podemos aprender las cosas que le permitieron superar cualquier crisis y obstáculo y experimentar el ascenso a una posición de autoridad. Sobrevivió a una sociedad desmembrada y el ser reubicado a una tierra extranjera, y demostró a tres reyes sus valiosas virtudes.

Un pastor llamado Gary Stone me escribió una carta con la siguiente lista de los atributos de Daniel:

- una osadía a todo dar
- un estándar poco común
- una protección no terrenal
- una persistencia sin límites
- una fe intachable
- una prueba nada común
- una bendición sin medida
- una influencia ilimitada

No tenemos a Daniel para elegirlo a un cargo político, ni para enseñar en la iglesia, ni para ocupar una posición en la junta directiva de una compañía. Pero tenemos el espíritu de Daniel, la hombría de Daniel, los principios de Daniel y el ejemplo de Daniel para aprender a desarrollarnos como hombres.

Jesús dijo que nosotros tenemos que amar a Dios con todo nuestro corazón, alma, fuerza y mente.[5] Job dijo: «Como mi boca puede gustar comida deliciosa, así mi mente puede gustar

5   Lucas 10.27.

la verdad cuando la escucha».[6] Hoy, los hombres deben aprender a gustar la verdad si quieren maximizar su hombría.

Los hombres que no tienen un sistema de pensamiento organizado siempre estarán a merced de los que sí lo tienen. En la presente era, debemos despertarnos a la urgente necesidad de estudiar, restaurar nuestro amor por la verdad y renovar nuestra reverencia por la Palabra de Dios.

Los hombres a los que he tenido el privilegio de ministrar en varias partes del mundo tienen antecedentes que van desde la delincuencia, la riqueza y la homosexualidad hasta la blandura de la clase media, antes de experimentar el poder transformador de Dios. Sus vidas prueban que para llegar a ser parte de la nobleza de Dios no se necesita pedigree. Dios no pone barreras a su gracia ni fronteras a su amor, y no hay poder que pueda detener la obra redentora del Espíritu Santo en la vida de los hombres. Dios hará un verdadero hombre de cualquiera que esté dispuesto a serlo.

El llamado

Ayer estuve conversando con un padre desesperado cuya hija ha decidido casarse con un hombre que rechaza a Cristo. Aunque graduada de una universidad cristiana, hizo esa elección porque, como airadamente dijo: «Los cristianos que están solteros no sirven para nada». Los jóvenes han sido influenciados por el mundo y las estrategias del mercado de masas para despilfarrar su vitalidad en lujuria sensual y deseos autogratificantes. No debemos extrañarnos por qué no resisten a las presiones de este mundo cambiante.

El llamado a hombres fuertes no sólo es a que los casados ordenen sus vidas, familias y negocios. También es a que los

6   Job 12.11.

solteros que están cansados de doblegarse ante las presiones del mundo y quieren descubrir y deleitarse en la fuerza de la hombría. El mundo necesita hombres que sepan que son hombres, no hombrecillos. Necesitamos hombres que sean fuertes en su hombría, capaces de superarse ante cualquier circunstancia, para dar forma a nuestras naciones. Cualquiera que piense que la Biblia está obsoleta es poco realista. No hay nada más relevante sobre la tierra hoy que la Palabra impresa del Dios Creador. ¿Qué sabiduría se podría comparar a la de Dios?

Los hombres que no están interesados en alcanzar una hombría piadosa no aguantarán el siguiente capítulo de este libro. Porque se requiere algo más que el deseo temporal de aprender algo. El gran lanzador de béisbol Nolan Ryan emocionó al mundo cuando lanzó su séptimo juego sin permitir llegar a las bases. En un video editado, donde se muestra lanzamiento tras lanzamiento, daba la impresión de que siempre se trataba del mismo lanzamiento. Nunca se salía de lo que había aprendido en los entrenamientos. Su dedicación a desarrollar en privado lo que quería hacer ante el público hizo de él un gran jugador. Se requiere la misma concentración para alcanzar la grandeza en cualquier esfuerzo.

El más bajo nivel del conocimiento es la presunción. Sobre ella está el conocimiento, luego la comprensión, la sabiduría (que es conocimiento aplicado), las habilidades y, finalmente, la práctica.

Uno puede saber y entender algo y aun hacerlo con éxito una y dos veces, pero en la habilidad para llevar a cabo la misma cosa rutinariamente es donde se funda el verdadero éxito. Los más grandes hombres se disciplinan a practicar.

Daniel estudió y practicó su hombría y fe en Dios. Captó la atención de los reyes que se fijaron en él no porque haya sido un gran orador, un político de éxito o un adulador, sino por su forma de vida. No fue un líder hecho por el hombre, sino un líder hecho por Dios.

El hombre es más que el mensaje. La vida de Daniel probó esto. El mensaje de Daniel fue creído porque él era íntegro. Cuando el hombre ya no es digno de crédito, se sospecha de su mensaje.

La meta en nuestra vida no es disfrutarla al máximo, sino mantenerla en lo máximo. Para hacer eso, debemos establecer nuestra hombría con Dios como nuestro fundamento. *La fama puede llegar en un momento, pero la grandeza llega con la longevidad.* Los grandes hombres son los que mantienen sus logros a través de los años, sin importar lo que los años traigan. Hoy, los hombres deben prepararse para mantenerse en los inciertos años que están por delante.

La década de los 90 ha sido llamada la década del destino, la década de las decisiones, la década del desafío, la década de la desesperación; pero comoquiera que usted decida llamarla, esta década encuentra al mundo en transición. Como resultado, hay una increíble turbulencia espiritual, emocional y mental en la vida de los hombres y de las familias.

Daniel estaba preparado cuando llegó su tiempo. Habiéndose dedicado a Dios y habiendo desarrollado el carácter que lo calificó para el liderazgo, Daniel llegó a ser un héroe para los israelitas de sus días y es un héroe de la fe para nosotros hoy.

Héroes son los hombres que actúan en un momento dado en una necesidad que es más grande que ellos.

Usted puede ser un héroe. Usted puede tener el espíritu de Daniel. Usted no tiene que llegar a ser un predicador, un misionero ni un evangelista para ser un hombre de verdad. Dios no quiere cambiar su personalidad, su rumbo ni su ego. Quiere santificar aquellas cosas cuando usted se consagre a Él. Dios sólo espera una cosa de usted: hombría.

Continúe leyendo para obtener un desafío, una exhortación y un plano simple para vivir una vida heroica y realizada como hombre.

◆

PENSAMIENTOS FINALES

- Algunas cosas son más importantes que la vida misma.
- Los hombres que no tienen un sistema de pensamiento organizado siempre estarán a merced de los que sí lo tienen.
- El hombre es más que el mensaje. El mensaje es creíble cuando el hombre lo es.
- Héroes son los hombres que actúan en un momento dado en una necesidad que es más grande que ellos.

REFLEXIONES

1. ¿En qué es diferente el mundo de hoy respecto de aquel cuando usted era un niño? ¿Tiene un sueño que desea alcanzar?
2. ¿Qué hizo Daniel diferente a otros hombres?
3. ¿Ha pensado alguna vez que puede llegar a parecerse más a Jesús? ¿Qué podría hacer esta semana para practicar la hombría de Cristo en su vida privada?

DOS

◆

LA DECISIÓN SUPREMA

*Lo que usted cree es
la base de su conducta,
carácter y destino.*

UN AMIGO MÍO, de nombre Larry Kerychuk, director de un ministerio internacional que trabaja con atletas, tuvo un abuelo muy parecido a Daniel en algunos sentidos. Déjenme explicarles antes que todo qué quiero decir en lo referente a Daniel.

Daniel era de un corazón resuelto, de un espíritu osado y decidido a que nada le impediría, distraería o desviaría de servir a Jehová Dios. Sus decisiones se apoyaban en una disciplina diaria de devoción a Él. Su confianza en Dios fue el pilar de su vida.

Cuando unos hombres inescrupulosos y celosos conspiraron para socavar la influencia que tenía con el rey, buscaron los puntos débiles de su vida. Incapaz de encontrarlos, decidieron usar su fortaleza como una debilidad. Se propusieron prohibir mediante una ley civil su práctica de orar a vista y paciencia de todos tres veces al día. Usando lisonjas, recomendaron al rey que sólo su dios debería ser adorado y que quien fuera hallado adorando a otro dios debería ser castigado. Sabían la forma de ser de Daniel, y que jamás capitularía en su fe adorando a otro dios que no fuera Jehová.

Su desobediencia al nuevo edicto del rey dio como resultado una noche en el foso de unos leones hambrientos. Daniel rehusó someterse a un edicto civil que era contrario a la justicia. Su desobediencia no fue el resultado de una rebeldía en contra del rey, sino una decisión de hacer la voluntad de Dios sin mirar las consecuencias. En contra de una orden que fue dada para destruir su vida, Daniel no se dejó intimidar. Ante la amenaza de una muerte segura, oró. Todos sabemos qué pasó: la boca de los leones fue cerrada, Daniel fue librado y sus conspiradores fueron devorados por los leones que estaban para devorarlo a él. La venganza irónica de Dios.

Daniel fue un hombre resuelto. Creyó en su corazón: en realidad «se propuso en su corazón».[1] Su corazón estaba inmutable en su firmeza. Hay poder en la firmeza. «Afirma mi corazón para temer tu nombre», es la oración del salmista.[2] Un corazón bien puesto, firme, da gran fortaleza para la acción.[3]

El abuelo de Larry Kerychuk, hombre de profundas convicciones adquiridas gracias al estudio y la obediencia a la Palabra de Dios, estuvo en el ejército ruso durante la Primera Guerra Mundial. Su relación con Cristo estaba fundada en una rica experiencia personal de transformación espiritual. La maravilla de su salvación embelesó su corazón con amor por Jesucristo y le dio un ardiente deseo de llevar ese conocimiento a cada hombre con el que se encontrara.

El capitán ruso a cargo de la unidad a la que pertenecía el abuelo de Larry estaba cada vez más furioso por su abierto testimonio de Jesús a las tropas. Para el abuelo de Larry no era suficiente hablar a los hombres uno por uno, sino que predicaba a cualquier grupo de hombres que viera y no hacía caso a la orden de callar. Finalmente, empujado por un odio que no podía

1   Daniel 1.8.
2   Salmo 86.11.
3   Salmo 112.8.

controlar, el capitán amarró al abuelo a un árbol, puso un cañón en frente de él y le dijo que si no prometía que dejaría de predicar a Jesús, lo haría saltar en pedazos.

Frente al cañón, el valiente y enérgico creyente dijo sin ninguna señal de vacilación: «¡Dispare! ¡No voy a detenerme!»

El capitán no disparó, pero envió al abuelo de Larry a prisión por cuatro años. Cuando fue liberado, emigró a Canadá. Allí, en la prístina belleza de las frías tierras del norte, continuó su trabajo y su predicación. Iba de aldeas a pueblos, predicando en hogares, salones y adondequiera que encontraba un lugar disponible a sus camaradas inmigrantes y ciudadanos de su país de adopción.

Pasaron años y sin saberlo él, el capitán ruso que lo había amenazado emigró también a Canadá. Una vez que el abuelo de Larry estaba predicando en una pequeña localidad mientras viajaba por ciudades y pueblos, se encontró a poco más de un kilómetro del nuevo hogar del capitán. Un amigo de este lo invitó a asistir a la reunión. Todavía firmemente opuesto al evangelio, por cortesía, accedió a ir con su amigo.

El capitán entró a la atestada sala con cautela mientras observaba a la gente cantando y palmeando. Luego, un hombre caminó hacia el frente y el capitán fue tomado de sorpresa. Cuando el hombre empezó a hablar, el capitán reconoció en él al soldado que años atrás no había querido dejar de predicar. Abrumado de que sus pasos volvieran a cruzarse en un lugar tan distante, y avergonzado de lo que una vez había sido, el capitán asustó a la multitud al caer sobre sus rodillas y romper a llorar. Después de un momento, los dos hombres se abrazaron, ahora como hermanos en Cristo.

Persistir a toda costa fue la determinación del abuelo de Larry y de Daniel.

La perseverancia siempre sobrevivirá a la persecución.

La importancia de creer

El gran filósofo Aristóteles enseñó que los objetos pesados caen a tierra más rápido que los livianos. Debido a que era uno de los grandes pensadores de todos los tiempos, la gente creyó

31

en él. Finalmente, dos mil años después que Aristóteles había muerto, Galileo convocó a eruditos profesores para que se reunieran en la base de la Torre de Pisa. Luego, subió a lo alto y, al mismo tiempo, dejó caer un objeto de diez libras y uno de una libra. Ante la admiración de todos, ambos llegaron a tierra al mismo tiempo. Sin embargo, el poder de la creencia en la sabiduría convencional era tan fuerte, que los profesores rehusaron creer lo que habían visto. Rechazaron el experimento de Galileo e insistieron en que Aristóteles tenía razón. La fuerza de su creencia en lo que se les había enseñado no les permitió admitir que estaban equivocados. En lugar de aceptar la verdad, persistieron en seguir creyendo una enseñanza inexacta.

Lo que una persona cree tiene el más grande potencial para bien o para mal en la vida. Lo que se cree acerca de Dios encierra el potencial para muerte o para vida eterna.

Muchos hombres reciben una educación equivocada y por eso creen equivocadamente, y se aferran a esas creencias tan fuertemente que prefieren mantenerse equivocados que admitirlo y cambiar. Pero hay veces cuando el cambio es vital.

Hay una vieja historia acerca del capitán de un barco que una noche vio lo que parecía la luz de otro barco que venía directo hacia el suyo. Ordenó al señalero que le dijera al otro barco:

—Cambie su curso diez grados al sur.

—Cambie usted su curso diez grados al norte —fue la respuesta que vino de inmediato.

—Soy un capitán. Cambie su curso al sur —replicó el capitán.

—Yo soy un marinero de primera —se le respondió—. Cambie su curso al norte.

Esto enfureció al capitán, quien ordenó al señalero decir:

—Le digo que cambie su curso al sur. Estoy en un barco de guerra.

—Y yo le digo que cambie su rumbo al norte. Estoy en un faro —fue la respuesta.

Negarse a cambiar puede llevar al desastre.

Es una perogrullada que si alguien dice algo equivocado y cincuenta mil personas lo repiten, aun sigue siendo una equivocación. Suena tonto, pero la gente todos los días cree falsedades acerca de Jesús. Cree en la evolución, una teoría jamás probada, y se niega a creer en el probado cristianismo.

El hombre no puede vivir sin creencias. Todos creen en algo. El problema básico de creer lo positivo es que vivimos en un mundo negativo. Estamos condicionados para errar. La tierra tiembla, los árboles y las estrellas caen, los edificios se vienen abajo, los tornados destruyen, los huracanes devastan, los maremotos aplastan y la gente miente, engaña y roba.

Para creer en lo positivo tenemos que disciplinarnos lejos de lo negativo del mundo. En estudios y encuestas hechas a gente financieramente exitosa, me he dado cuenta que los factores más constantes a los que atribuyen sus éxitos son:

1. Facilidad para comunicar ideas
2. Inteligencia
3. Integridad
4. Experiencia
5. Una actitud positiva

Para creer positivamente tenemos que convertirnos de lo negativo. Debemos aprender no sólo a creer, sino a creer correctamente.

Lo que usted cree moldea su vida. Debido a que es fundamental para las elecciones que haga, *la creencia es la base de la conducta, del carácter y del destino.* Una conducta equivocada está basada en una creencia equivocada. Los criminales creen que pueden cometer delitos y no pagar por ello; los presos creen que están encerrados injustamente; los que abusan de sustancias prohibidas creen que las drogas les dan momentos maravillosos; y los homosexuales creen que fueron hechos así.

Los necios dicen que Dios no existe, como lo declara la Escritura.[4] Es una soberana tontería creer que Dios no existe y

---

4   Salmo 53.1.

que no hay que dar cuenta de nuestros actos. De una u otra forma, todos damos cuenta de nuestros actos. La promiscuidad sexual se paga con enfermedades, divorcios, abortos y otra serie de castigos; los desfalcos, timos y otros delitos similares con los que impone la ley y, aún más, con la retribución.

El ateísmo práctico no consiste en levantar el puño y gritar: «¡No hay Dios!» Es vivir como si no lo hubiera.

Contrastemos las vidas mencionadas con la de Daniel, un hombre que desde su temprana juventud se adhirió a la creencia en Jehová Dios, confió en las Escrituras y confió en la oración. Ese estilo de vida llegó a ser la base para que fuera elevado a la segunda posición en el reino. La justicia provoca bien y misericordia que seguirán a un hombre todos los días de su vida.

Maxwell Maltz, un cirujano plástico y autor, estudió sicocibernética debido a la actitud de sus pacientes después de la cirugía. Curiosamente, todo lo que creían acerca de ellos mismos antes y después de la cirugía determinaba que se aceptaran o se rechazaran y aceptaran o rechazaran también el trabajo del médico. Maltz encontró que para alcanzar el éxito era necesario trabajar tanto en las creencias de sus pacientes como en sus cuerpos mismos.

Lo que usted cree determina sus relaciones, no solamente con otros, sino antes que todo con usted mismo. La forma en que se vea influirá en la relación que tenga con otros. Lo que usted crea tiene el poder de atraer o repeler. Si cree que Dios es caprichoso y que condena y censura, eso le alejará de la creencia en Él y en la Biblia. Pero si cree que Él es como la Biblia lo revela, un Padre amante, un maravilloso Salvador y un Señor de gracia, su atracción hacia Él no conocerá límites.

Fe y miedo

Fe es simplemente una extensión de lo que se cree, porque es creer que lo que no se ve ocurrirá. El miedo es también una extensión de lo que se cree, pues se cree que ocurrirá lo que no se ve. Tanto la fe como el miedo tienen la misma definición, pero la fe atrae lo positivo y el miedo atrae lo negativo.

Lo que crea, sea verdad o no, para usted es real. Si lo cree, no es cuestión de que esté basado en la verdad, la percepción, la fantasía o el rumor; lo cree, de manera que para usted es real. Los hombres pueden jugar al azar a través de sus vidas, creyendo que cualquier día «darán el gran golpe», y para ellos, esto es real. Luego, se preguntan por qué sus esposas los dejan, por qué tienen problemas en el trabajo y por qué las cosas no andan bien con sus amistades. Sus creencias están trabajando en su contra. Otros temen que alguien los tiene marcados y bajo la mira, y se escabullen, emocional y físicamente, para evitar el dolor o la pérdida. Tales casos prueban que «cual es su pensamiento en su corazón, tal es él».[5]

La incredulidad es el artículo más costoso de la vida.

Hace algunos años trabajé con un hombre de nombre John que había tenido un éxito extraordinario. Era amplio en su pensamiento, soñaba en grande y parecía alcanzar cada meta que se proponía. Cuando me encontré con él, estaba financieramente sin problemas y soñando con hacer «grandes cosas para Dios».

Se presentó un negocio en comunicaciones donde pudo invertir en un tipo de ministerio que era nuevo y prometedor. Esperaba obtener grandes ganancias, haciendo algo que nadie había hecho antes y a la vez expandiendo el Reino de Dios casi por sí solo. Financieramente, sin embargo, aquello resultó más difícil de lo que había anticipado, por lo que empezó a buscar formas de mantener el negocio.

Durante ese tiempo, una señora lo llamó para verle. Ella era, según dijo, la heredera de una gran fortuna, y quería hacer a John su beneficiario, lo cual le permitiría alcanzar todo lo que había soñado y más. Convencido que estaba en una «misión de Dios»

5   Proverbios 23.7.

y ahora capacitado por Dios, aun sin ver alguna prueba de la solidez financiera de la mujer, empezó a hacer planes sobre la base de aquella promesa.

La plana mayor de John y sus fieles consejeros le advirtieron que la riqueza de aquella señora parecía ser una invención producto de su imaginación, que ella se estaba engañando a sí misma y lo estaba engañando a él, y que si no ponía atajo a los gastos disparatados que estaba haciendo, lo iba a perder todo. Pero él estaba tan enamorado de los sueños que la multiplicación de millones haría posible, que rehusó creer que todo no era más que una mentira. Para él todo era tan real que no quiso creer otra cosa.

Trágicamente, cuando los acreedores empezaron a llamar por cuentas sin pagar y las reservas se agotaron, le pidió a la señora un «adelanto» de lo que le había prometido. Al principio hubo dilaciones, luego ella dejó de devolverle las llamadas. Pronto ya no quiso recibirlo y, de repente, desapareció. La creencia de John en una mentira y su incredulidad en la verdad que era obvia hizo que perdiera todo lo que había acumulado en años. Fue una tragedia para él y para todos los que dependían de él.

Su fracaso no era necesario que ocurriera, pero ocurrió, y sólo porque rechazó los buenos consejos y creyó una mentira. Al uncirse a la incredulidad, tuvo que soportar el peso de perderlo todo.

Jesús dijo: «Llevad mi yugo sobre vosotros, y aprended de mí... Porque mi yugo es fácil, y ligera mi carga».[6] La figura que usa Cristo es la de una carreta que en sus días pasaba por la ciudad tirada por animales enyugados. Uncidos al yugo, los animales eran cargados con pesadas cargas que tenían que tirar. Jesús nos aconsejó que en nuestra creencia nos uniéramos en yugo a Él, porque su carga es ligera. Este es un principio válido para cada aspecto de la vida.

6   Mateo 11.29,30.

Los estudiantes que se aferran a que no pueden aprender están bajo el peso de la ignorancia, el fracaso y la desesperación. Es un peso demasiado grande. Pero, los alumnos que creen que pueden aprender y aun sobresalir, están «cargados» con conocimiento, satisfacción y autoestima. Es una carga llevadera.

La gente uncida a la creencia de que es agradable y placentero vivir rápido, derrotar a cualquiera y triunfar en encuentros sexuales múltiples lleva la carga de relaciones superfluas. Demasiado a menudo estas personas viven en el filo de la paranoia. Debido a su creencia en su lujurioso y «bamboleante» estilo de vida, están uncidos a un deseo insaciable que no les permite realizarse ni tener paz.

Casarse con una mujer en la fe cristiana es un yugo que implica una «carga» de rica intimidad, madurez responsable, profunda unidad y carácter fuerte. A medida que los años pasan, el amor en una relación así crece rico, dulce y profundo. Debido a que el amor emana de una fuente eterna, nunca envejece en su crecimiento ni pierde su uso. La carga es siempre liviana.

Elegir una carrera que Dios ha propuesto para usted es un yugo que lleva una «carga» de profunda realización, grandes logros y una productividad duradera.

El yugo de rechazar a Jesús acarrea una carga de culpa, temor y ocultamiento. Creer en Él lleva una «carga» de justicia, paz y gozo.

Confiar en Dios como el autor de todos sus esfuerzos trae la «carga» de saber que Él los llevará a buen término. Todo lo que Dios empieza, lo completará. Lo que sea que Dios promete, lo cumplirá. Lo que se le confíe, lo guardará.

La fuerza de tal creencia es la seguridad de «que ni la muerte, ni la vida, ni ángeles, ni principados, ni potestades, ni ninguna cosa presente, ni ninguna cosa por venir, ni lo alto, ni lo profundo, ni ninguna otra criatura, podrá separarnos del amor de Dios, que es en Cristo Jesús, Señor nuestro» (Romanos 8.38,39).

Daniel pudo enfrentar a los leones serenamente con la firmeza de su confianza en un Dios fiel.

Las consecuencias de una elección

Hace poco realizamos una de nuestras reuniones de hombres cristianos en Reno, Nevada, una ciudad que hace parecer fascinante el juego y la prostitución. Durante el curso del día, mencioné a los hombres que predicar nunca se me hace fácil. A veces me causa una gran agonía el pensar en algo que dije, que no dije o que dije mal al presentar el mensaje de que Cristo es Señor. A veces, cuando llego «a casa», en un frío cuarto de hotel, después de haber hablado todo el día, he llorado sobre mi almohada al darme cuenta que algunos hombres se fueron sin el conocimiento de la gracia y el poder salvador de Cristo.

Cuando terminamos la reunión y me dirigía a la puerta, un hombre me tomó del brazo. Tenía una mirada dura, pero de inmediato vi una luz en sus ojos enrojecidos y un brillo en su viejo rostro. Con una voz áspera, dijo: «Usted no tendrá que llorar esta noche. Yo soy el último de mi familia en recibir a Cristo, y lo he hecho hoy». Sus ojos se llenaron de lágrimas, y se fue rápidamente. Aquella noche dormí apaciblemente.

Nuestras elecciones determinan nuestro destino.

Las oportunidades son puertas de elección que se abren para nuestro beneficio. Muchos hombres pierden sus oportunidades o no se dan cuenta de ellas, y van por la vida sin saber qué les espera. Tarde ven lo que pudo haber sido suyo. *Es mejor orar para estar listo cuando se presenten las oportunidades, que orar para que se presenten.*

Tal es el caso de los hombres que no aprovechan la oportunidad de creer en Cristo y sin darse cuenta viven muy por debajo del nivel para el cual Dios los creó. El más alto nivel del hombre está en los lugares celestiales en Cristo Jesús. Nada hay más alto.

Decidirse a servir a Dios es más que llevar a la familia a la iglesia los domingos. Es más que terminar con los malos hábitos, el lenguaje procaz y las fantasías inmorales. Tales cosas son meros propósitos humanos, y cuando no se cumplen, terminan en culpabilidad y condenación. Pero una decisión de servir a Dios sale del corazón y del espíritu. Es una determinación de ser fiel sin importar lo que ocurra. Se necesita valentía para ser cristiano.

Demasiado a menudo a los cristianos se les considera pusilánimes cuando es todo lo contrario. Perseverar en la devoción al Señor requiere más hombría que sentarse con una actitud de juez en una banca del templo, burlándose del cristianismo y uniéndose a los que rechazan a Cristo. El camino más fácil resulta el más duro.

Perseverar en la justicia cuando otros ceden ante la presión del mundo hace a un hombre más grande que el resto.

A veces, debido a la limitada visión de los cristianos y al insignificante conocimiento del evangelio, los hombres no logran entender lo que están haciendo cuando rechazan a Jesucristo. Algunos que han oído e incluso mentalmente han aceptado el evangelio se vuelven atrás porque no logran afirmarse en Cristo y su Palabra. Su decisión fue más por conveniencia que por convicción.

Cuando un hombre rechaza a Cristo, le roba al cielo su presencia, aun cuando Dios quiere que esté allí, Cristo pagó el precio para llevarle allí, y Dios ha enviado a su Espíritu Santo para ayudarlo a prepararse para esa vida. Al rechazar a Cristo y privar a su familia de llegar a poner su fe en Dios, ha llegado a ser su propio mesías y el de ellos, ha tomado el lugar de Dios en sus vidas y llega a ser su «señor que provee». Llega a ser una burda imitación de la Trinidad: «yo, yo y yo».

Más aún, cuando un hombre rechaza a Cristo, está robando su contribución de vida e influencia a la iglesia, debilitándola por su ausencia e impidiendo que otros entren. También perjudica a su comunidad, la cual necesita de su respaldo moral y espiritual. La comunidad obtiene sus valores de los absolutos morales implantados en la vida del individuo a través de la Palabra de Dios y su Espíritu.

Las Escrituras afirman: «El que no cree, a Dios le ha hecho mentiroso, porque no ha creído en el testimonio que Dios ha dado acerca de su Hijo».[7]

Rechazar a Cristo es llamar a Dios mentiroso. Es la palabra del hombre contra la de Él. Rechazar a Cristo es mostrar desdén por la Palabra de Dios. Preferir la palabra del hombre sobre la de Dios impugna el carácter de Dios. Rechazar a Cristo hace al hombre actor en la anarquía de Satanás contra Dios. Rechazar a Dios une al hombre a aquellos destinados al infierno, el cual la Biblia dice que se ensancha para recibirles.[8] Un hombre que rechaza a Cristo vive en un nivel inferior a lo que Dios desea, es un esclavo de los deseos que no quiere, es gobernado por espíritus que lo odian y está destinado a perderse de la presencia de Dios por la eternidad.

El infierno es un lugar sin luz porque Dios es luz, y Él no está allí. En el infierno no hay amor, misericordia ni perdón; no hay satisfacción que pueda alcanzarse; no hay compañía, amistad ni relación alguna que no esté basada en la rebelión. El infierno está lleno de dolor, pena, lágrimas y el recuerdo de oportunidades perdidas que constantemente atormentan a los que allí habitan.

En contraste, el cielo, un lugar de luz, amor, gracia, misericordia, perdón; amigos y familiares por la eternidad; realización personal absoluta; no tristeza, dolor ni lágrimas; recuerdos sólo de lo justo, lo bueno y lo perfecto; donde vivimos en la presencia de Dios y somos continuamente llenos con la gloria de Dios. ¡Aleluya!

Ahora considere esto: Si durante su vida trató la Palabra de Dios con desprecio, llamó a Dios mentiroso, tomó el lugar de Dios en cuanto a la vida de otros y estuvo al lado de Satanás en la oposición de este a Dios, ¿qué puede hacer a un hombre pensar que Dios lo va a recibir en el cielo cuando muera? Es increíble,

7   1 Juan 5.10.
8   Isaías 5.14.

pero hay hombres que viven una vida deshonrando a Dios y luego esperan que Dios les honre.

Se necesita valentía para arrepentirse y creer en Jesús. Hay que ser humilde para admitir ante alguien a quien se ha despreciado, burlado o amenazado que su camino era el correcto, y que su Dios es el verdadero Dios. Se necesita valor para hacer la decisión. Por tal motivo, el Espíritu de Dios está aquí para darnos la fuerza de decidirnos a arrepentirnos, y el poder para vivir vidas piadosas.

¿Por qué ser uno entre tantos que carece de valor o decisión para servir a Cristo? ¿Por qué hacer lo que los demás hacen en lugar de ser un hombre a quien Dios puede señalar como su creación? Dios se complace grandemente cuando un hombre pone su fe en Él.

Se va a requerir mucha hombría para hacer frente a las tormentas de la vida que vienen. La primera y más importante resolución es creer en el Señor Jesucristo con todo el corazón. Una vez que esta decisión está tomada, el resto de lo que se necesita resulta casi simple, porque el Espíritu Santo de Dios que vive en usted le ayudará a alcanzar todo lo que Dios tiene para usted.

Decídase a creer en Dios sin importarle la gente ni las circunstancias que le rodean. Únzase a la creencia en Jesucristo y acepte la carga liviana que solo Él puede darle.

◆

PENSAMIENTOS FINALES

- Sus decisiones se apoyaban en una disciplina diaria de devoción a Dios.
- La perseverancia siempre sobrevivirá a la persecución.
- Lo que una persona cree tiene el más grande potencial para bien o para mal en la vida.
- Una conducta equivocada está basada en una creencia equivocada.
- Lo que usted cree es la base de su conducta, carácter y destino.
- Todo lo que Dios empieza, lo completará. Lo que sea que Dios promete, lo cumplirá. Lo que se le confíe, lo guardará.
- Es mejor orar para estar listo cuando se presenten las oportunidades, que orar para que se presenten.
- Una burda imitación de la Trinidad: «yo, yo y yo».

REFLEXIONES

1. ¿Ha creído alguna vez algo que le ha causado daño?

2. ¿Qué creía respecto de Dios en el pasado? ¿Ha cambiado esa creencia? ¿Qué cree acerca de Él hoy?

3. ¿Hay alguna razón para *no* creer que Dios es lo que dice ser? ¿Cree que Dios es un Dios bueno que está dispuesto a hacer de usted un hombre fuerte y un héroe?

TRES

GUARDA DE MI HERMANO

Cuando usted se autolimita, está limitando a Dios; cuando usted limita a Dios, se está limitando a usted mismo.

Muéstreme los amigos de un hombre, y yo le mostraré su carácter.

En una de nuestras recientes reuniones del Instituto de Entrenamiento de Líderes un hombre se puso de pie y nos habló de su más notable experiencia durante la semana: Por primera vez en su vida sintió que estaba entre amigos. Su caminar cristiano había transcurrido en la soledad; pero se iba con la convicción de que necesitaba «mostrarse amigable».[1]

Uno de los más impactantes aspectos del relato de Daniel es su amistad con sus tres íntimos amigos, los que comúnmente son llamados los «tres jóvenes hebreos». Fueron verdaderos héroes, «hombres adolescentes» que casi temerariamente expusieron su vida por mantener sus creencias. Daniel y los tres jóvenes fueron tomados prisioneros juntos y entre todos se apoyaron en la decisión de servir al Señor Dios. Cada uno de

1   Proverbios 18.24.

45

ellos poseía una fe poco común, mantenía normas poco comunes y sufrió una prueba poco común.

Cuando Daniel ascendió al poder en Babilonia, a sus tres amigos les dieron provincias del país para que las administraran. Pero el de ellos no fue un camino fácil. Cuando el rey construyó una imagen de él mismo y ordenó a toda la nación que la adorara, los amigos de Daniel se negaron. Como resultado, fueron lanzados a un horno de fuego tan caliente que los que los echaron murieron alcanzados por las llamas. Como se negaron a renunciar a sus convicciones, creyendo que Dios podría librarlos aun de una muerte casi segura (pero no dudando que si no lo hacía, les quedaba el cielo por ganar), fueron atados y lanzados dentro del horno.

El rey presenció todo, y pensaba que los vería retorcerse en medio del dolor y las quemaduras. Pero en lugar de eso, quedó estupefacto al verlos caminando en medio de las llamas, ¡acompañados por un cuarto hombre enviado del cielo!

Cuando el rey los llamó, los tres salieron de en medio de las llamas sin siquiera chamuscarse y sin olor a humo en sus ropas. Fortalecidos por una piadosa amistad, unidos el uno al otro en el fuego, quedaron como héroes. Algunas personas atribuyen este relato a lo mitológico de la Biblia. Pero esta historia no es difícil de creer. Es una obra muchísimo menor para Dios el salvar a un hombre físicamente de las llamas de la muerte que salvarlo espiritualmente del fuego eterno del infierno.

En nuestra sociedad contemporánea, los más grandes hechos de genocidio ocurren en los libros de historietas, periódicos, revistas, televisión y cine, donde matan a nuestros héroes con chismes, calumnias, escándalos e insinuaciones. Por un lado, los escritores averiguan las vidas de nuestros aspirantes a héroes para desnudarlos y deshorarlos basados en normas a las cuales ellos mismos no pueden someterse. Por otro lado, los que violan leyes, se involucran en estimulantes aunque exageradas acciones inmorales, o se rebelan flagrantemente contra la autoridad constituida, aparecen en revistas y en libros; en programas de televisión, películas o programas especiales de noticias. En medio de tal bombardeo desde el lado malo de la naturaleza humana, nuestra sociedad necesita hombres fuertes que confíen en Dios y en sus hermanos.

Los soldados son entrenados para que en medio del combate confíen en sus compañeros y superiores. A veces, esa confianza ha sido traicionada por la cobardía, el abandono o el fraude de los compatriotas, pero eso no detiene a las tropas entrenadas para continuar en el servicio. La falla de una persona no nos puede detener en nuestra confianza en el otro.

De igual manera, ser un «soldado de la cruz» en el frente de batalla de nuestro mundo de hoy es no detenerse por un fracaso. Aunque un compañero de tropa se detenga, los demás siguen adelante. Aunque un ministro falle, miles se mantienen firmes. Aunque un amigo nos traicione, otros siguen siendo leales. Aunque nos fallamos a nosotros mismos, de todos modos seguimos adelante.

La fe de un amigo

En los tiempos difíciles en que le tocó vivir a Bernabé, período de la historia cubierto por el libro de los Hechos, él se agarró bien a su fe en Dios, y en un amigo y familiar. «Bernabé[...] fue un hombre bueno, y lleno del Espíritu Santo y fe», dice la Biblia.[2]

Bernabé fue un contemporáneo de Saulo, el fanático que rabiosamente perseguía a la iglesia, llevando a hombres y mujeres a la cárcel e incluso a algunos a la muerte. Saulo se encontró con Cristo en un remoto camino a Damasco, lo que cambió radicalmente el curso de su vida. La experiencia fue tan extraor-

---

2   Hechos 11.2,24.

dinaria, la brillantez de la presencia del Señor tan luminosa, que Saulo fue transformado de un superperseguidor del Señor en un ardiente discípulo suyo. Pronto, Bernabé se transformó en su guía. Lo presentó a la iglesia que hasta hacía poco había perseguido, y adoró a Dios con él por varios años mientras el Señor lo preparaba para el ministerio bajo su nuevo nombre, Pablo. Bernabé fue de nuevo usado por Dios, esta vez para ser el primer compañero del apóstol Pablo en su trabajo misionero.

La excitación en torno a este primer viaje debe haber sido grande. Para ayudarles, escogieron a un jovencito, sobrino de Bernabé, llamado Juan Marcos. La madre de Juan Marcos, María, hospedaba a la iglesia de Jerusalén en su casa. No hay duda que eran seguidores de Cristo desde hacía tiempo, porque la mayoría de los teólogos están de acuerdo en que María fue testigo ocular de la traición y arresto de Jesús en el Huerto de Getsemaní. Debido a la familiaridad de Marcos con el evangelio y a su interés en el ministerio, fue escogido para tan emocionante aventura de fe con Pablo y Bernabé.

El viaje misionero fue agotador. Enfrentado a difíciles situaciones, Marcos decidió, a la mitad del viaje, regresar a Jerusalén. Los otros misioneros completaron su ardua y próspera aventura y regresaron con grandes informes de gente que había creído en Cristo e iglesias que habían sido establecidas.

Después de algún tiempo, Bernabé y Pablo decidieron salir de nuevo. Bernabé quiso llevar a Juan Marcos con ellos, pero Pablo se opuso. Marcos había reprobado su primer examen. Pablo no estaba dispuesto a darle una nueva oportunidad. La disputa por Juan Marcos entre ambos fue tan aguda que decidieron separarse.

Pablo escogió a Silas como su nuevo colaborador y continuó su viaje. Por su trabajo, se establecieron iglesias y se escribió gran parte del Nuevo Testamento. Bernabé, por su parte, no vuelve a ser mencionado en las narraciones del libro de los

Hechos. Se pierde en la historia después de la notable participación en la salvación y el ministerio de Pablo. ¿Pero valió la pena el haber desafiado a Pablo? ¿Estuvo acertado o equivocado al tener fe en su sobrino aun cuando había fallado la primera vez?

El joven Juan Marcos llegó a ser un historiador. Hizo entrevistas, registró acontecimientos de la vida de Jesucristo y escribió bajo la inspiración del Espíritu Santo. Sin sus escritos, que algunos eruditos consideran la base para otros, no habríamos tenido los libros de Mateo, Lucas y Juan. Gracias a Bernabé tenemos cuatro Evangelios completos.

¿Fue útil la fe de Bernabé en Marcos? ¡Claro que lo fue! Y esa fe fue más tarde además vindicada cuando Pablo escribió: «Toma a Marcos y tráele contigo, porque me es muy útil para el ministerio».[3] Bernabé no abandonó a Marcos. Tampoco lo hizo Dios. Bernabé fue fuerte en su fe: en Dios y en los hombres de Dios.

Al perder su vida, Bernabé encontró mayor gloria. Ministró a cientos o quizás a miles, y dos de ellos, Pablo y Marcos, han ministrado a miles de millones. Su dedicada inversión pagó dividendos más allá de cualquiera cosa que él haya podido imaginar.

Debemos tener fe en otros y en el obrar de Dios en sus vidas, para poder pasar a través de los tiempos difíciles. Dios dijo que todos los que nos identificamos con Cristo somos colectivamente el cuerpo de Cristo. Debemos movernos y fluir como una unidad. Dios traerá a su vida a esos amigos piadosos que permanecerán a su lado en tiempos duros. Daniel tuvo sus tres amigos íntimos. Juan Marcos tuvo a su tío Bernabé. Pablo el apóstol tuvo a Silas y a otros hermanos cristianos. Dios nos fortalece a través de nuestros amigos.

---

3   2 Timoteo 4.11.

La sustancia llamada fe

En cierta ocasión en que era más joven, visité con mi familia la región alrededor de las Cataratas del Niágara. Allí escuché una ilustración sobre la fe que ha llegado a ser una de mis favoritas. Es la historia verídica de un equilibrista que anunció que cruzaría las cataratas caminando sobre un alambre. El día para que se acometiera la hazaña llegó. Una apretada multitud se agolpaba tanto del lado canadiense como del estadounidense. Ahí estaba el alambre tendido y estirado sobre las cataratas.

De pie en el lado de Estados Unidos, el hombre gritó a la multitud: «¿Cuántos de ustedes creen que puedo cruzar las cataratas sosteniendo sólo esta pértiga para el balance?»

Nadie respondió.

Se subió al alambre, y empezó a caminar hasta el otro lado. Cuando llegó al lado canadiense, la gente gritó entusiasmada, quizás de alivio.

«¿Alguien aquí cree que puedo hacerlo de nuevo?», preguntó a los canadienses.

Habiendo visto que lo había hecho, muchos de ellos alzaron la mano y dieron gritos de asentimiento.

Entonces volvió a preguntarles: «¿Cuántos creen que puedo hacerlo sosteniendo esta silla?» Levantó en alto una silla, y unos pocos alzaron la mano y asintieron de viva voz.

De nuevo, cruzó el profundo barranco con su impresionante masa de agua. Los que estaban del lado estadounidense gritaron, silbaron y aplaudieron estruendosamente. Cuando el ruido se hubo aquietado, el hombre preguntó: «¿Cuántos creen que puedo cruzar de nuevo, ahora con una carretilla?»

Esta vez la mayor parte de la gente alzó sus manos y asintió con gritos estridentes.

«Muy bien», dijo el equilibrista, «¿quién será el primero en entrar en la carretilla?»

Nadie levantó la mano. Una cosa era aplaudir a alguien que arriesgaba su propia vida y otra muy diferente meterse uno en aquella carretilla. Aplaudir era un acto de *creer*. Meterse en la carretilla era un acto de *fe*.

El entusiasmo es una emoción. El optimismo es una actitud. La fe es una sustancia.[4]

¿Cuán fuerte es su fe? Asistir a la iglesia, cantar himnos y leer un salmo cuando todo está saliendo bien y todos lo están haciendo es una cosa; pero ¿qué pasa cuando su carácter es probado hasta su misma esencia?

Fortalezca su fe *ahora*, no cuando lo necesite. Prepárese para el tiempo de la prueba. Esto es como el seguro. Usted no compra un seguro después que ha caído enfermo, sino que lo compra cuando está bien de salud. Ahora es el tiempo. Transforme su creencia en fe poniéndola en práctica.

La vida de devoción a sus creencias preparó a Daniel para el foso de los leones. Los tres jóvenes hebreos jamás habrían tenido la actitud que tuvieron sin haber estado profundamente arraigados por fe en la Palabra de Dios. Nosotros no sabemos cuán fuerte es nuestra fe hasta que seamos probados. Dios nos examina para probarnos. Nos prepara para tener éxito, no para ser derrotados.

Las Escrituras dicen que si esperamos que las condiciones sean perfectas, nunca haremos nada.[5] Yo volví a comenzar cinco veces en cinco años, haciendo nuevos amigos, desarrollando nuevas amistades, escuchando de nuevo a Dios. Oír a Dios no depende de la edad, sino de la relación que tengamos con Él. Usted nunca será demasiado viejo... ni nunca demasiado joven.

---

4   Hebreos 11.1.
5   Eclesiastés 11.4.

Aun cuando se sienta como un tonto cuando está con cierta gente, y aun cuando muchos quizás le han fallado, ¡millones de personas aun no han oído de usted! No saben de sus errores ni de sus caídas. Tampoco los errores de ellos ni sus caídas le han alcanzado a usted. No deje que unos pocos lo estorben en sus propósitos. ¡Tenga fe en Dios!

La fe mayor

Por importante que sea tener fe en Dios, hay un elemento de fe aun mayor: ¡Dios tiene fe en los hombres! Nunca voy a olvidar una historia que oí años atrás relacionada con la fe de Dios. Me la contó uno de los hombres más especiales que jamás he conocido, W.T. Gaston. Era joven y dirigente en el avivamiento de aquellos días, y como tal, fue testigo ocular del suceso.

En aquellos días, la costumbre de los grupos evangelísticos pietistas era tener reuniones bajo enramadas hechas ex profeso. Se clavaban palos en la tierra, luego se tiraban alambres de un palo a otro para formar una red sobre la cual se ponían ramas que daban sombra durante el día y cubrían durante la noche. Se clavaban tablas para sentarse al descampado y los adoradores se reunían mañana, tarde y noche. A menudo, salían a visitar el barrio para evangelizar e invitar a los vecinos a las reuniones. No era extraño para ellos llevar pequeñas tiendas de campaña para protegerse y catres para dormir y poder permanecer allí hasta la hora que quisieran en cultos de oración. Mucha gente ayunaba, gritaba, cantaba, predicaba y oraba de la mañana a la noche.

En una de tales reuniones, a la hora del mediodía, uno de los dirigentes fue a su cama a descansar. Había estado ayunando durante diez días y en el sopor provocado por el calor de esa hora del día, tuvo una visión.

En la visión, estaba de pie en el Monte de los Olivos, detrás de una gran multitud. Apenas podía ver por sobre las cabezas de la gente. Reinaba una total quietud, una quietud tan completa que ni siquiera se oía el ruido de los pies al caminar. De pronto, vio la cabeza de un hombre que se destacaba por sobre la multitud. Luego vio los hombros de un hombre, y finalmente el torso, y el hombre empezó a elevarse en el aire. Pasmado, siguió mirando hasta que Jesús desapareció tras una pequeña nube. En visión estaba viendo la ascensión de Cristo.

Siempre en la visión, de repente fue transportado a un lugar celestial donde vio a los primeros ángeles que venían al encuentro del Hijo de Dios. A medida que los ángeles se acercaban, oyó a uno preguntar:

—Maestro, ¿cómo van las cosas por la tierra?

—Los hombres se salvarán —fue la respuesta.

Jesús entonces alzó sus manos, y los ángeles vieron las cicatrices en sus manos, pies, costado y la cumbre donde Él se había sacrificado por los pecados de la humanidad.

Debido a que los ángeles son espíritus ministradores, preguntaron otra vez:

—¿Pero cómo sabrán los hombres que pueden ser salvos?

—Yo he comisionado a mis discípulos para que prediquen las buenas nuevas en todo el mundo —fue la respuesta.

Los ángeles se regocijaron, pero todavía un poco preocupados, volvieron a preguntar:

—¿Pero qué pasará si no lo hacen?

—*No tengo otro plan* —fue la simple respuesta de Jesús.

Aquella era una visión, no palabra santa. Fue la experiencia de alguien en medio del día y en la intensidad del ayuno. Pero fíjese en lo que se dijo. Dios puso su fe en la humanidad. ¡Dios ha confiado en *usted*!

◆

PENSAMIENTOS FINALES

- Dios no le abandona; no abandone usted a Dios.
- Cuando usted se autolimita, está limitando a Dios; cuando usted limita a Dios, se está limitando a usted mismo.
- Creer no es fe hasta que se pone en práctica.
- El entusiasmo es una emoción. El optimismo es una actitud. La fe es una sustancia.
- Dios nos examina para probarnos. Nos prepara para tener éxito, no para ser derrotados.
- Oír a Dios no depende de la edad, sino de la relación que tengamos con Él.
- Confíe en Dios; Dios ha confiado en usted.

REFLEXIONES

1. ¿Cuál es el amigo más fiel y más digno de confianza de quien jamás haya oído? ¿Ha tenido algún amigo infiel y no confiable?

2. ¿Lo ha fastidiado una relación pasada o un fracaso? ¿Ha tratado de intentarlo nuevamente?

3. ¿Puede nombrar a tres amigos o amigos potenciales que le puedan animar y ayudar a fortalecer su fe en Dios? ¿Qué puede hacer por lograr tales amistades?

CUATRO

DISCIPLINA OSADA

*Los principios y promesas
de la Biblia son
las llaves al reino.*

EL REVERENDO AVERY Dulles, un influyente teólogo católicorromano y veterano en asuntos ecuménicos internacionales, dijo en un reciente artículo que dos visiones del experimento político estadounidense están luchando por la supremacía. El una vez prevaleciente punto de vista es que el gobierno democrático depende de que la gente reconozca los principios morales y de justicia dados por Dios. Pero esa posición está combatiendo ahora en contra de una que dice que la nación no está atada a ninguna verdad ni moralidad fijas.

El reconocimiento de que la salud de un gobierno descansa en la aceptación de estándares morales comunes se está muriendo. «A la larga, esto puede traer el colapso de la democracia», concluyó Dulles.[1]

1   «Rejecting Religion Hurts Democracy, Theologian Says» [Los teólogos afirman que el rechazo de la religión daña la democracia], *Los Angeles Times,* 10 de septiembre de 1992, historia noticiosa de *Associated Press.*

¿No es irónico que mientras la democracia en los Estados Unidos está en decadencia, naciones que adoptaron los principios democráticos instituidos por los Estados Unidos estén creciendo y ahora vivan más libremente que el pueblo estadounidense? Mientras todo el mundo está experimentando el cambiante sistema de valores, los Estados Unidos están atrapados en una «guerra de cultura» que amenaza la herencia política de la nación.

La cultura y sus consecuencias

Se va a necesitar más que una buena asistencia a la Escuela Dominical para que los hombres superen las consecuencias de una cultura crecientemente impía. Como el senador por Indiana, Dan Coats dijo: «Esta crisis de valores no es una cuestión marginal sustentada por los moralistas ni por los pocos puritanos que van quedando. Es vital para la salud y el éxito de los individuos. Es, además, central para la salud y el futuro de las instituciones económicas y sociales. El carácter de nuestros hijos es el indicador número uno de nuestro futuro como cultura... cuando nuestros hijos están enfermos del alma, no hay prioridad mayor que buscar su sanidad».[2]

Mucha de la violencia en contra de los estándares morales comunes comienza en el hogar. Dondequiera vemos la violencia en los niños. «Las familias son la escuela de la primera instrucción», dijo el senador Coats.[3] Si los niños crecen sin una fuerte y positiva influencia paterna, sucumbirán al control de las partes bajas de la sociedad que les permite disfrutar el fugaz lujo de vivir sin disciplina.

---

2   De un discurso pronunciado en un seminario intitulado: «America's Youth: A crisis in Culture» [La juventud estadounidense: Una crisis en la cultura], en Hillsdale, Michigan, en marzo de 1991. Citado en un artículo en *Imprimis,* publicación de Hillsdale College, en septiembre de 1991.

3   *Ibid.*

Pat, un pastor amigo mío, me ayudó en un reciente encuentro de hombres cristianos. Cuando estábamos saliendo del edificio, se nos acercó un hombre, solicitándonos ayuda. Nos contó algunos de sus problemas tanto en el trabajo, como en su familia y en su vida en general.

—Hasta mi hijo de dieciocho años me es un problema —dijo, para terminar su lista de calamidades—. Sigue trayendo a su amiguita a casa e insiste en que pase la noche con él.

Lo miré asombrado, dudando que pudiera hablar.

—¿Qué? —logré replicar.

—Dice que si no lo dejamos traer a su amiguita a la casa, se va a ir, y mi esposa dice que él todavía no tiene edad para irse de la casa —afirmó como atontado.

Nos detuvimos y nos miramos el uno al otro, mientras el hombre esperaba una respuesta, y yo esperaba que Pat hablara primero. Afortunadamente, así ocurrió.

—Pero, hombre, ¿no sabe que usted es el que fija las reglas en su hogar? —empezó Pat—. Todo el tiempo que su hijo viva en su casa, debe vivir bajo sus estándares. Su hijo está cometiendo fornicación bajo su propio techo, y usted lo está permitiendo. No en balde tiene problemas. Usted está viviendo bajo la maldición y Dios no puede bendecirle. Está viviendo con un doble estándar por lo que es inestable en todos sus caminos.[4]

—¿Qué puedo hacer en esta situación? —preguntó con sinceridad.

—¡Compórtese como un hombre! —le dijo Pat.

Mientras Pat hablaba, yo escuchaba con toda atención, y ahora era mi turno.

—Lo que Pat quiere decir —le expliqué—, es que usted necesita ejercer autoridad en su hogar. No dictatorialmente, sino a través de un auténtico liderazgo. He dicho esto antes, y se lo

---

4   Santiago 1.8.

digo a usted ahora: ser gentil no siempre quiere decir ser amoroso.

»Por ser gentil con su hijo, le está permitiendo que haga lo malo. Eso no es amarlo. *Su hijo es más fuerte en su rebelión que usted en su justicia.* Ha permitido que la lujuria de su hijo crezca más fuerte que su amor por Dios.

Con una mirada de determinación, el resultado de lo cual nunca lo podremos saber, se fue para su casa.

Los rasgos del verdadero amor

El amor no es licencioso. El verdadero amor tiene restricciones. No hará lo malo. Por el otro lado, la lujuria no tiene límites para hacer lo malo. Hay una eternidad entre el amor y la lujuria. El amor es el espíritu del cielo, la lujuria lo es del infierno.

Los hombres fuertes a quienes hemos hablado muestran siete características de amor que acompañan a la salvación:

1. Amor por el Señor
2. Amor por los hermanos
3. Amor por la Palabra
4. Amor por la compañía del Señor (adoración y oración)
5. Amor por el servicio
6. Amor por la iglesia
7. Amor por el ministerio (ministros)

Si somos personas de amor, sirviendo a Dios quien en su esencia es amor, el amor de Dios en nosotros dará como resultado una conducta controlada. Nuestra autodisciplina como creyentes nace de nuestro amor por Dios.

Nos disciplinamos para estudiar la Palabra de Dios porque amamos a Dios. De igual manera, disciplinamos a nuestros hijos porque los amamos, no porque los odiemos. Nos disciplinamos a nosotros mismos en el ejercicio porque nos amamos a nosotros mismos y queremos tener una mente y un cuerpo sanos, no porque nos odiemos. Nos disciplinamos para ganar lo suficiente porque amamos a la familia que sostenemos.

Cuando logramos autodisciplinarnos, es más fácil imponer la disciplina en el hogar. El hogar es un microcosmos de la comunidad. El fallo de no adherirnos a los estándares en el hogar nos llevará a fallar en la vida pública.

El amor limita la conducta. El amor a Dios limita el hacer lo malo. La religión como conjunto limita la conducta en una sociedad. Debido a la fuerza de un estándar moral, sectores de nuestra sociedad hoy día están tratando de deshacerse de la religión, o hacerla impotente (sin influencia en la sociedad), con lo cual pueden practicar la lujuria y vivir licenciosamente.

Por ejemplo, muchos que son muy influyentes y famosos en Hollywood y en el periodismo practican la inmoralidad, están enamorados de ella o empatizan con ella. Hacen el máximo esfuerzo por estigmatizar el cristianismo presentándolo como malintencionado, hipócrita o intolerante, y usan métodos tanto sutiles como encubiertos para comunicar sus distorsionados puntos de vista a la sociedad. Asocian la «Biblia» o a los «cristianos» con personajes raros, duros, implacables, legalistas o pervertidos.

El hijo pródigo en la parábola de Jesús descendió por etapas a un nivel más bajo que el de los animales. El primer escalón de su rebelión fue su deseo de independencia. No quería vivir sujeto a los estándares ni a la voluntad de su padre. Ya no más bajo el control de la presencia de su padre, ya no más la conciencia incomodada por el amor de una madre, el pródigo se sintió libre de todas las limitantes morales. El resultado fue un descenso a una vida degradada. El extravío hay que pagarlo. Siempre hay un alto precio que pagar por vivir una vida degradada.

El juego de la culpa

Es fácil para el culpable echarle la culpa a otros por sus males, en lugar de aceptar y vivir con la culpa. Demetrio, el platero del libro de los Hechos, actuó así. Cuando el cristianismo floreció y la gente empezó a adorar al verdadero Dios, rompió sus ídolos y quemó sus libros paganos. Demetrio y sus colegas comerciantes vivían de la habilidad de fabricar imágenes de la diosa Diana. Cuando los cristianos renunciaron a su adoración, la fuente de tremendas ganancias de los plateros se secó. En su furia por la pérdida de la fuente de su subsistencia, Demetrio provocó una revuelta para tratar de eliminar a los cristianos y al cristianismo. El amor al dinero fue la raíz de su maldad.

La historia está repleta de casos como ese. Nerón culpó a los cristianos del incendio de Roma. La historia dice que mientras las multitudes perseguían a los cristianos para matarlos, él se divertía tocando el violín.

La culpa mata. Carga la conciencia, pone peso al espíritu y hace que las amistades se pierdan. Para eliminar la culpa debe eliminarse la causa. El pródigo se arrepintió, eliminó la causa y por lo tanto, la culpa. Muchos no lo hacen. En lugar de enfrentar la responsabilidad por el pecado, culpan a quienes con su forma de vida recta les recuerdan siempre sus propios errores. La Biblia habla de gente que no solo se deleita en lo ruin de este mundo, sino que además aplaude a aquellos que inventan nuevas formas de conducta aun más licenciosas.[5] Incluso llevan a cabo ceremonias para honrar sus nuevas invenciones de maldad.

Lenin dijo que él no hablaría de ser un ateo, sino hablaría de la religión como algo enteramente privado. Si el cristianismo pudiera ser privatizado, bien podría ser penalizado e incluso criminalizado. Ese patrón prevaleció en la ex Unión Soviética y en Rumania. *Hay síntomas de esto mismo en los Estados Unidos. Los días que vienen serán duros.*

Las cosas se ponen difíciles cuando...

---

5   Romanos 1.32; 1.30.

- en Nueva York, seis homosexuales y radicales del aborto cometieron actos ofensivos cuando interrumpieron al Cardenal O'Connor que decía misa en la Catedral de San Patricio. Tiraron la hostia, se encadenaron a las bancas, arrojaron condones, profirieron obscenidades durante el sermón y se acostaron en los pasillos. Fueron sentenciados a servicio comunitario sin multa ni penalidad.[6]

- un hombre llamado Christopher Slattery simplemente bloqueó la entrada a una clínica de abortos y fue multado con $25.000 y se le ordenó pagar $157.000 en honorarios de abogados.[7]

- el estado de Indiana ha aprobado colocar un panfleto en los cuartos de las posadas de parques estatales que advierte que la Biblia es «una fábula violenta, racista y sexista».[8]

- ese mismo panfleto, publicado por la Fundación para la Libertad de Religión, será colocado en quinientos cincuenta cuartos de seis posadas de parques estatales. El panfleto se intitula «Querido creyente» e incluye una fotografía de la Biblia con un sello que dice: «¡Cuidado! Creer literalmente en este libro puede poner en peligro su salud y su vida». Caracteriza al Dios bíblico como «un guerrero macho que... es parcial a una raza; que juzga a la mujer como inferior al hombre; que es un sadista que creó

---

6   Informado en una columna por Ray Kerrison, *New York Post*, 9 de enero de 1991, p. 2. El periodista fue testigo ocular de este incidente.
7   *Ibid.*
8   *Religious Rights Watch*, Virginia Beach, Virginia, febrero de 1991.

un infierno para torturar a los incrédulos».[9]

- un estudiante universitario fue despedido de su trabajo como asesor residente por hablar en los dormitorios de su fe cristiana.[10]

- una enfermera para rehabilitación de alcohólicos fue despedida por «violación a las reglas laborales» por orar con los pacientes al «más alto poder» en quien dijo que creyeran.[11]

Suficientes pequeñas gotas de lluvia provocan un diluvio. Estos son unos pocos de los miles de casos que ocurren en los Estados Unidos diariamente. A esto se le llama *procesamiento*. Y procesamiento significa *persecución* a los cristianos. Esto no es nuevo para quienes ostentan el nombre de Cristo. Ellos han sufrido desde que Cristo fue crucificado.

La persecución a los cristianos es un intento de barrer del mundo a Jesucristo, lo cual es imposible. Satanás lo intentó y fracasó. Otros también lo han intentado y de igual modo han fracasado.

Nicolás Ceausescu de Rumania juró eliminar de su nación el cristianismo, y mediante una despótica avaricia llevó a su pueblo a abismales profundidades de pobreza. Irónicamente, fue asesinado un día de Navidad. Lo que finalmente terminó con su caída comenzó con un solitario y oscuro pastor cristiano que rehusó doblegarse ante los malignos edictos del dictador. El pastor fue un hombre fuerte en aquellos tiempos difíciles.

9 	«Indiana Places Warning Next to Bibles in Lodges» [Indiana coloca advertencias acerca de la Biblia en cuartos de descanso], *Kankakee (Illinois) Daily Journal*, 27 de diciembre de 1990, historia noticiosa de Prensa Unida Internacional.
10 	*Religious Rights Watch*, Virginia Beach, Virginia, diciembre de 1991.
11 	*Ibid.*, julio de 1990.

Las piadosas convicciones del pastor probaron ser más fuertes que Ceausescu. Tales convicciones, con una fuerza que puede moldear culturas y alterar el curso de la historia del mundo, no llegan de la noche a la mañana. Se van estructurando línea por línea, precepto por precepto. La decisión de creer en Jesucristo que da inicio al proceso de construcción no pareciera ser mucho, pero es el comienzo. La Biblia nos advierte de no despreciar el día de los pequeños comienzos.

El desarrollo de la disciplina

Las decisiones de Daniel comenzaron cuando era un adolescente. Cuando fue llevado de Israel a Babilonia y seleccionado para ser entrenado por los ayudantes del rey Nabucodonosor, se le dijo a él y a sus amigos que deberían comer de la mesa del rey. Daniel solicitó, sin embargo, que se le diera la comida de su propia cultura a cambio de la del rey. Al chambelán le pareció bien tal petición, por lo que dio una autorización temporal para que Daniel y sus amigos practicaran sus creencias religiosas en materia de alimentación. Cuando días más tarde el chambelán descubrió que, gracias a la dieta, Daniel y sus amigos lucían en mejor salud que los otros, les permitió continuar. Esta pequeña decisión llegó a ser la base de otras decisiones que hicieron que Daniel fuera ascendido a la cabeza del gobierno en aquella tierra extranjera.

La práctica de Daniel de adherir a una dieta estricta y al ayuno es cosa usual entre los hombres espiritualmente fuertes. Jesús mismo dijo que la oración y el ayuno eran necesarios para echar fuera cierto tipo de espíritus demoníacos.[12] El poder del Espíritu de Dios en los creyentes debe ser más fuerte que el del poseído por demonios. El ayuno es una forma de ganar fortaleza espiritual.

12   Mateo 17.21.

Proverbios dice que «es mejor gobernar el espíritu que tomar una ciudad».[13] Para Daniel, gobernar su espíritu le tomó un largo camino.

«Por cuanto un excelente espíritu, y conocimiento, y entendimiento, e interpretación de sueños, y revelar difíciles escrituras, y resolver las dudas, fueron encontrados en el mismo Daniel...»[14] Con esta clase de antecedentes a la vista, Nabucodonosor llamó a Daniel. «He oído de ti», le dijo, «que el espíritu de los dioses está en ti, y que en ti se hallan luz y entendimiento y excelente sabiduría».[15] Daniel tenía algo en él, aparte de Dios, que el hombre no tiene.

Dios creó al hombre con un espíritu, un alma y un cuerpo. En el alma, Él nos dio nuestra mente, voluntad y emociones. La voluntad es el centro de las acciones que el hombre decide llevar a cabo y el lugar donde se establecen los propósitos.

El séptimo sentido

Yo creo que en la creación el hombre recibió cinco sentidos físicos, y un sexto en su mente. La mente de la humanidad debe haber sido extremadamente poderosa ya que Adán pudo ponerle nombre a todo lo que fue creado. Ese don mental fue arruinado por el pecado y como resultado, mucho de su poder se ha perdido.

Es mi convicción personal que al hombre también le fue dado un séptimo sentido en el espíritu. Superior y más poderoso que los otros seis, tiene la capacidad de recibir el Espíritu de Dios y desarrollar sus características hasta cierto límite, lo que le permite pensar los pensamientos de Dios, sentir los sentimientos de Dios, decir las palabras de Dios y hacer las obras de Dios. Esto fue parte de la creación original, pero también se perdió por causa del pecado. Restaurada mediante Jesucristo, este

13 Proverbios 16.32.
14 Daniel 5.12.
15 Daniel 5.14.

conocimiento es la fuente de poder en la vida de los creyentes.

Cuando vivía en el norte de California, desarrollé una estrecha amistad con todo un caballero. Cuando estaba levantando su negocio como contratista, Charles firmó un contrato para construir un centro comercial para una importante firma. Llegó muy temprano a su oficina el día que comenzaría la construcción. Mientras metía en su automóvil los planos y otros materiales para tener todo listo para cuando llegaran los trabajadores, tuvo una persistente sensación en su espíritu. Esto lo perturbó. Sintió con urgencia que tenía que orar, aun cuando tenía que seguir con el trabajo.

Tomando una decisión, se arrodilló en la silla detrás de su escritorio para orar, y mientras oraba, el Espíritu Santo aceleró sus pensamientos. Repentinamente, se le hizo claro en la mente un cuadro de los hombres que habían medido la propiedad. Eso lo inquietó, pero no sabía por qué. Se le ocurrió que debía asegurarse inspeccionando él mismo la propiedad antes de empezar la construcción.

Esa mañana descubrió que la inspección que se había hecho estaba equivocada en la parte de atrás de la propiedad, donde la línea de construcción se había marcado casi a setenta centímetros del límite. Volvió a medir, le pidió a su capataz que comprobara sus cálculos y al ver que todo coincidía, cambió las marcas conforme a las medidas correctas. En medio de todo el ajetreo, olvidó el asunto y no se lo mencionó a nadie.

Cuando al cabo de los días el proyecto se terminó, Charles esperaba que la firma urbanizadora le hiciera el pago final. Los llamó y se le dijo que no habría pago final porque había habido un error en la construcción. «Se construyó demasiado cerca de la línea de la propiedad», le dijeron. Inmediatamente, Charles llamó a una reunión con todas las partes responsables del proyecto. En el camino recordó el asunto de las medidas equivocadas, fue y buscó todos los papeles y en la reunión dijo y comprobó lo que había sucedido. El trabajo había sido ejecutado apropiadamente. Recibió el pago final.

Charles había recibido instrucciones en ese séptimo sentido en su espíriru de parte del Espíritu de Dios que en él mora. Al ser «guiado por el Espíritu» evitó una potencial desgracia.

La fuerza espiritual da autoridad sobre lo que nos lanza hacia abajo, hacia las cosas terrenales y meramente humanas. El hombre fue creado del polvo de la tierra, y todo su sustento viene de ahí. En nuestras formas de hablar nos referimos a las cosas inmorales o ilícitas como «mundanas» o «sucias». Decimos de un chiste vulgar que es «sucio». El pecado puso al hombre cuesta abajo. «Caemos» en pecado y nos «agachamos» para alcanzar algo «bajo». Esta condición en el hombre de asociarse con lo terrenal es natural, a menos que algo lo impulse hacia arriba, lejos de tales bajos elementos.

Mucho tiempo después del primer pecado de Adán, leemos la lista del apóstol Pablo sobre «las obras de la carne», que son cualidades que han sucumbido al impulso hacia abajo.[16] Al estar Dios ausente de nuestras vidas, somos naturalmente arrastrados hacia abajo, hacia esos «pobres rudimentos».[17] Pero cuando Cristo hizo posible que recibiéramos el Espíritu de Dios de nuevo vía el nuevo nacimiento, también recibimos en nuestros espíritus el poder de su resurrección, capacitándonos para vivir «por encima» o tener poder sobre la lujuria de la carne.

Una nueva creación en Cristo Jesús tiene un poder que el no regenerado no puede imaginar. Tener «la mente de Cristo» y ser «guiado por el Espíritu de Dios» es poder pensar, actuar y ser motivado por ese séptimo sentido.[18] ¡Es sobrenatural! Es también por eso que los que no son creyentes se frustran tanto con los cristianos. Los creyentes viven en un plano más alto, lo que demanda fe y disciplina de la mente y del cuerpo, pero ese es un precio pequeño que hay que pagar por vivir una vida tan alta.

16   Gálatas 5.19.
17   Gálatas 4.9.
18   2 Corintios 5.17; 1 Corintios 2.16; Romanos 8.14.

El secreto del ayuno

Cuando Jesús dijo que algunas cosas «no saldrían sino mediante oración y ayuno»,[19] quiso decir que necesitamos estar vivos en el reino del Espíritu, como las «almas vivientes» que fuimos creadas. Al andar en el Espíritu,[20] podemos tener una fuerza que fluye de Dios: pensar, sentir, actuar y hacer lo que Dios desea; ejercer su autoridad en la tierra.

La oración y el ayuno van juntos, como el sedal y el carrete.

Privarse de comida es simbólico de cortar con las cosas terrenales. Al ayunar, estamos interrumpiendo la provisión de lo terrenal a lo físico. Al mismo tiempo, estamos aumentando nuestra alimentación espiritual al corazón y a la mente, poniendo a lo físico en sujeción a lo espiritual. Este es el primer propósito y resultado del ayuno.

Privarse de otras cosas aparte de la comida es también fundamentalmente sano: la televisión, los periódicos, el teléfono y todo aquello que nos mantenga umbilicalmente unidos a lo que es terrenal. Cuando se priva de lo terrenal y al mismo tiempo se dedica a leer la Palabra de Dios y a orar, está permitiendo al Espíritu dar nueva energía a su espíritu y pone su alma y cuerpo bajo sujeción para que la presencia de Dios crezca en su vida.

El ayuno es un principio tan básico que aun cuando se hace naturalmente, fortalece el espíritu grandemente. Mahatma Gandhi conocía este secreto. La fortaleza que obtenía del ayuno le dio poder sobre hombres y naciones. Periodistas y celebridades han encontrado también que el ayuno es una fuente de sanidad y poder.

Me doy cuenta que es una disciplina severa, pero estamos hablando de la clase de disciplina que se requiere para pasar a través de los tiempos difíciles. Mi esposa Nancy y yo tenemos

---

19   Mateo 17.21.
20   Gálatas 5.25.

una amiga, Lee Bueno, que fue sanada de una enfermedad incurable mediante el ayuno, y ha escrito un libro acerca de su experiencia.[21] Recientemente, una amiga muy cercana de nombre Dawn pasó un tiempo en el centro de retiros de Lee. Al volver a su casa, cuando Dawn salió del avión, su esposo no la podía reconocer por el cambio que había experimentado. Se veía radiante, expresiva y bella como nunca antes.

Tanto Dawn como Lee pasaron por pruebas durante años hasta que empezaron a combinar oración con ayuno. Al autoaplicarse los principios de la Biblia referentes a ellas, encontraron sanidad y una nueva vida.

Mi propia vida fue radicalmente cambiada por la soberanía de Dios que me llevó a hacer un ayuno de cuarenta días. Nunca lo he vuelto a hacer, pero aquella única vez cambió mi vida para siempre. Verdaderamente, todo lo que hoy disfruto nació durante aquel ayuno.

Comencé a llevar un diario una vez que me di cuenta de lo que ocurría. Poco sabía del patrón del ayuno. Todo lo que Dios hace, lo hace según un patrón y está basado en un principio de su reino. Aprendí esos dos principios axiomáticos entre el decimoquinto y el trigésimo octavo día de ayuno. Mientras el Espíritu de Dios me llevaba en apenas días desde el Génesis hasta el Apocalipsis, lo que aprendí fue sorprendente. Génesis 1 muestra el patrón de revelación de Dios a través de la creación del mundo. Siempre comienza con una palabra dicha por Dios y surge la materia. Luego la paz llega a ser el árbitro para hacer la voluntad de Dios.

Dios dio a Moisés un modelo para el tabernáculo, a David para su templo y al apóstol Pablo para la iglesia. Las profecías

---

21   Lee Bueno, *Fast Your Way to Health* [Apure el paso hacia la salud], Whitaker House, Springdale, Penn., 1991.

de Daniel están todas fundadas en un patrón divino. *Cuando los hombres encuentran el patrón de Dios para sus vidas y fundamentan su fe en los principios de su Palabra, llegan a tener éxito en todo lo que hacen.* Todos los principios y promesas de la Biblia son las llaves del Reino.

El patrón en mi ayuno fue usar el tiempo dedicado al desayuno, al almuerzo y a la cena para leer la Biblia y orar. Los primeros días los pasé mayormente leyendo hasta que la mente y el corazón empezaron a despejarse a través del arrepentimiento. A medida que los días pasaban, la oración llegó a ser más real que nunca, y la fe alcanzó por completo una nueva dimensión. Salvo eso, la vida siguió desarrollándose normalmente en cuanto a mi trabajo y a la familia. Por ahí por el vigésimo primer día, sin embargo, la Biblia llegó a ser algo tan vital que no podía leer lo suficiente. Me la devoraba. Más adelante, el arrepentimiento cambió a súplicas, a alabanza, y luego a intercesión.

Puede que haya sido una sola experiencia en la vida, pero causó una eternidad de diferencia. No estoy abogando para que nadie arbitraria ni unilateralmente comience un ayuno de cuarenta días, pero un patrón de algún tipo para el ayuno intensificará el espíritu y fortificará la fe. (Mi única advertencia es que hay que consultar a un médico antes de comenzar.)

Muchos hombres están dispuestos a permitir que las cosas sigan igual día tras día —crisis financieras, crisis maritales, problemas en el trabajo, los niños, el auto, los amigos— sin autodisciplinarse para poner la mente o la situación bajo control. El ayuno es el camino obvio para lograr esto.

Más autodisciplina

Hay ciertos momentos en la vida cuando necesitamos más fuerza que de ordinario para el diario vivir. Esos momentos exigen que seamos implacables con nosotros mismos en materia de autodisciplina. Sea que vayamos a librar una batalla de tipo cultural, sea que vayamos a confesar a Cristo a riesgo de recibir alguna forma de castigo, sea que vayamos a contender contra espíritus malignos o vayamos a confrontar persecución, la disciplina es necesaria. Con su espíritu bajo control, su corazón sujeto a Dios y su voluntad dispuesta a complacerlo a Él, experimentará el tirón hacia arriba que le hará vencer el tirón hacia abajo.

Vivimos en un mundo pervertido, donde la voluntad del hombre ha sido relegada a propósitos terrenales. Por ejemplo, cuando Dios creó a Adán, le dio dominio sobre las plantas. Pero hoy día las plantas están llegando a dominar al hombre. La cocaína, la mariguana, el alcohol y el cigarrillo, todo derivado de plantas, han esclavizado a millones.

La voluntad del hombre puede hacer cuatro cosas:

- considerar razones
- balancear motivos
- perseguir un propósito fijo
- elegir entre lo bueno y lo malo, entre lo correcto y lo incorrecto.

Es verdad que hemos nacido *en* pecado y moldeados en la iniquidad, pero no nacimos *para* pecar. Hemos nacido para vivir rectamente. Adán escogió obedecer a Eva en lugar de a Dios. El pecado siempre ha sido una elección, un acto de la voluntad.

Aparte de la voluntad, también tenemos una conciencia que nos permite hacer dos cosas:

- juzgarnos a nosotros mismos
- aprobar o condenar nuestra propia conducta

Cuando dedicamos tiempo a la Palabra de Dios —leyéndola, estudiándola y memorizándola— estamos programando la conciencia para pensar correctamente respecto del mundo. Sin sumisión a la Palabra de Dios, la conducta puede ser racionalizada para justificar cualquiera cosa.

Dios purifica nuestras conciencias de obras muertas al salvarnos.[22] La sangre de Cristo, cuando es aplicada, limpia nuestros corazones de una mala conciencia.[23] El apóstol Pablo, quien una vez persiguió a los cristianos, pudo vivir en toda buena conciencia ante Dios y el hombre.[24]

Nuestras voluntades y nuestras conciencias deben ser puestas en sujeción bajo la voluntad de Dios. Él tiene el derecho, como soberano sobre nuestras vidas, a determinar lo que es correcto y lo que es incorrecto para nosotros. Él nunca nos pedirá que hagamos algo inconsistente con su voluntad, contrario a su carácter u opuesto a su Palabra. El Espíritu y la Palabra están de acuerdo, por eso el Espíritu nunca nos guiará a hacer cosas que la Palabra no puede confirmar.

Podemos confiar en la voluntad de Dios, porque Dios siempre deseará y actuará para nuestro mayor beneficio. No creer esto hace que los hombres se oculten de Dios y tengan miedo de su voluntad para con sus vidas. No orar es una forma de ocultarse. Debemos autodisciplinarnos para derrotar el miedo y enfrentar a Dios en oración, dejando que su voluntad reine en nuestras vidas.

Esta es la diferencia entre los hombres que se autodisciplinan y los que no. Los hombres que hacen decisiones disciplinadas vez tras vez permaneciendo en la Palabra, haciendo la voluntad de Dios, desarrollan un carácter piadoso y profundamente enraizado que les permite derrotar las circunstancias y los espíritus diabólicos. A ese tipo de personas se les llama «hombres de convicción».

Los fuertes se autodisciplinan a la Biblia y a la oración, al ayuno si es necesario, a la obediencia a la voluntad de Dios. Son hombres en los que el mundo puede confiar. A ellos acuden los demás al llegar los tiempos difíciles. Tienen el espíritu de Daniel que alcanzan grandeza desde las humeantes cenizas de su propia civilización en ruinas.

22   Hebreos 9.14.
23   Hebreos 10.22.
24   Hechos 24.16.

◆

PENSAMIENTOS FINALES

- Ser suave no siempre quiere decir ser amoroso.
- El amor no es licencioso. El verdadero amor tiene restricciones.
- Siempre hay un alto precio que pagar por vivir una vida degradada.
- Todo lo que Dios hace, lo hace según un patrón y está basado en un principio de su reino.
- Los principios y promesas de la Biblia son las llaves al reino.
- Es verdad que hemos nacido *en* pecado pero no nacimos *para* pecar.
- Dios nunca nos pedirá que hagamos algo inconsistente con su voluntad, contrario a su carácter u opuesto a su Palabra.
- No orar es una forma de ocultarse.

REFLEXIONES

1. ¿Qué cosa le hizo darse cuenta por primera vez que necesitaba autodisciplinarse?

2. ¿Cómo la autodisciplina, el ayuno y la oración prepararon a Daniel para la vida pública? ¿Para la persecución?

3. ¿En qué manera el «séptimo» sentido o la guía del Espíritu Santo le ha ayudado en su trabajo, familia, o en algún problema específico que haya tenido? ¿Qué hará esta semana para avivar su conocimiento de que el Espíritu Santo está guiando su vida?

CINCO

CRECE O TE VOMITAN

*El éxito en la vida
no es la meta de la cruz;
es el resultado de la cruz.*

¿**C**UÁL ES LA diferencia entre los bonos del gobierno y el hombre? En que los bonos maduran.

¿Cómo se puede forzar a un hombre a hacer abdominales? Colocándole el control de la TV entre los dedos de los pies.

¿Por qué es bueno que haya mujeres astronautas?

Porque cuando la tripulación se pierde en el espacio, alguien preguntará la dirección.[1]

Seguro, estos son chistes en contra de los hombres, pero el humor sarcástico no es extraño a los hombres. Por años, los hombres hemos hecho a otros blanco de nuestro humor: enfermos, negros o vulgares; pero que las mujeres se burlen de nosotros y los niños se rían ya es otra cosa.

¿Bonos maduros? El sentido no deja de ser aplicable a nosotros: Los hombres no maduran automáticamente a medida que

---

1   Nancy Wride, «Male-bashing Jokes», *Los Angeles Times*, reimpreso en *Dallas Morning News*, 18 de octubre de 1992.

van creciendo. La madurez es medida por la aceptación de responsabilidad. En el hombre, es medida por la responsabilidad que demuestra en la mayordomía que le dio Dios para guiar, cuidar y gobernar. Dios le dio a Adán esta triple responsabilidad en cuanto a la tierra. Cada hombre desde Adán ha recibido el mismo encargo.

La madurez de Daniel al manejarse en los momentos más difíciles de su vida lo marcaron como un verdadero hombre. En los días en que siendo un adolescente fue capturado, ya había alcanzado madurez en el conocimiento obtenido como niño en Israel. A esto agregó la educación recibida en el palacio del rey en Babilonia, la que seguramente fue sustancial. Babilonia produjo los jardines colgantes, una de las grandes maravillas del mundo antiguo, lo que indica algo de la sabiduría de aquella cultura.

La madurez de Daniel fue un proceso personal de desarrollo en una serie de etapas. Su mentalidad seria, disciplinada y espiritual en su tierna adolescencia produjo el fundamento para toda una vida como hombre de estado. La profundidad de su espiritualidad se reveló en un milagro que ocurrió mientras aun era joven.

Él y sus amigos estaban en la casa del rey, recibiendo la educación que les daban hombres de letras. Un día, el rey llamó a todos los sabios para que le interpretaran un sueño. Malhumorado como estaba, insistió que no solo le dieran la interpretación sino que también le dijeran qué había soñado, porque no recordaba nada. Nadie pudo satisfacer su demanda. Como resultado, todos los sabios del reino fueron sentenciados a muerte.

Cuando Daniel oyó de su inminente ajusticiamiento, puso a sus amigos a orar pidiendo la revelación del sueño y la interpretación. El don de interpretar sueños que Dios le dio a Daniel aquella noche fue más que lo que todos los videntes y profetas en la tierra podrían producir con todos sus esfuerzos humanos. De todos los conocimientos que Daniel tenía, el más grande no era el que había adquirido de sus maestros en Israel o de los sabios babilonios, sino la capacidad de reconocer la voz de Dios. Este don lo obtuvo por su vida de devoción al Señor.

Cuando el día despuntaba y los sabios iban a ser ejecutados, Daniel se presentó voluntariamente ante el rey. Le contó el sueño que había tenido y le dio la interpretación. Salvó así la vida de los sabios de Babilonia. Eso también le aseguró la primera posición entre el personal del reino, al igual que un nombramiento para sus tres amigos. Su vida como hombre público empezaba como el resultado de ese milagro.

La obra de Dios no ocurre por voluntad del hombre, ni por voluntad de la carne, sino por Su voluntad. Dios trabaja en la vida del hombre tanto para hacer su voluntad como para llevar a cabo su buen deseo.[2]

Para Dios fue un placer responder a Daniel y revelarle secretos conocidos solamente por Él. Proverbios dice que el secreto de Dios es «con los justos».[3] *El buen deseo de Dios es hacer en cada hombre lo que completa su propósito único y lleva a su punto máximo el potencial de su vida.*

Es mejor la madurez

Dos hombres a quienes conozco, Ray y Ben, fueron a trabajar al mismo tiempo a una iglesia bastante grande en el mediooeste norteamericano. Ambos estaban en posiciones de ayudar en departamentos diferentes. Ambos tenían trasfondo eclesiástico en otras partes del país. Eran personas versadas en la forma y estilo de la adoración cristiana. Su nueva iglesia era grande en membresía e internacional en alcance. El pastor principal era amplio en espíritu, generosidad, hospitalidad y visión. Ambos se sentían privilegiados de trabajar en tan excitante ministerio, y sus familias estaban felices y orgullosas de ellos.

Muy pronto, sin embargo, Ray se sintió abrumado por la libertad de adoración que otros miembros del personal mostraban en las reuniones de oración semanales del personal. Al compararse con ellos, Ray se sintió avergonzado de su falta de conocimiento de las Escrituras y su poca habilidad para mante-

2   Filipenses 2.13.
3   Proverbios 3.32.

ner conversaciones sobre la iglesia internacional. Fue a su casa y empezó a hojear la Biblia tratando de aprender algunos pasajes que le pudieran ayudar en las reuniones de oración. Se suscribió a una revista cristiana y leyó porciones para enriquecer su material de conversación. Empezó a vestir de manera de impresionar a sus colegas; compró algunas joyas para darse «status», y en sus conversaciones ocasionalmente se refería a las Escrituras. Cuando trabajaba junto al pastor, nunca tomaba apuntes ni hacía el menor esfuerzo por aplicar lo que aprendía.

Su jefe, dándose cuenta de su dificultad, lo invitó varias veces a almorzar y pasó tiempo con él orando y ayudándole a crecer en su nueva posición. Pero Ray nunca creció.

Ben, trabajando en una capacidad diferente, sintió la misma inferioridad en relación con el resto del personal. Se dio cuenta de su inmadurez espiritual en relación con ellos, y reconoció que no se sentía comprometido con Dios sino con la iglesia. Con espíritu atribulado, pidió a su supervisor, un pastor asociado, que almorzara con él, y allí hizo su confesión.

—Yo no sabía en qué me estaba metiendo cuando me contrataron —le dijo.

—¿Qué quiere decirme? —le preguntó el pastor.

—Bueno, la forma en que todos oran en voz alta y hablan constantemente acerca de todas estas misiones alrededor del mundo. Nunca había alternado con gente así.

—Para eso es que esta iglesia existe —le dijo su jefe—. No dudo que ha tenido dificultades en asimilarse a este nuevo ambiente. Pero estoy seguro que usted sabe lo que tiene que hacer.

—¿Qué?

—Vuelva a su primer amor y descubra que su relación con el Señor, que ha debido crecer, se ha estancado. Dios desea tener una relación con usted. De otra manera Él no le habría traído aquí. Esta es una iglesia con un gran espíritu y con empleados con un gran espíritu.

Ben se fue a su casa aquella tarde y mientras conducía su

automóvil, se agarraba con fuerza al volante. «Soy una persona con un espíritu pobre», gritaba, llorando de frustración. «Vengo de un trasfondo tan insignificante. Tengo pequeñas visiones y pequeños deseos, y estoy sufriendo estos tormentos precisamente porque soy demasiado pequeño».

Mientras pronunciaba las tres últimas palabras, daba golpes al volante. Esa noche, después de la cena, le dijo a su esposa que no la acompañaría a ver televisión porque tenía importante trabajo que hacer. Solo en su cuarto, abrió su Biblia en la página uno y empezó a leer. Los pasajes le eran familiares, pero rehusó leer superficialmente o dormirse. Continuó leyendo noche tras noche y orando fervientemente a Dios que le diera un corazón grande. Finalmente, sintió un cambio. Nuevos sentidos surgían de viejos pasajes acerca de desiertos, tabernáculos y profetas. De la revelación vino un nuevo amor para Dios, y la oración se hizo más que un simple cumplir un rito.

Ben fue renovado y empezó a entrar en el tremendo espíritu de la iglesia. Ray, por su parte, continuó a la deriva, tratando externamente de impresionar mientras interiormente temía que lo descubrieran.

Ray y Ben fueron despedidos cuando el pastor tuvo que reducir el personal. Ray volvió a un trabajo secular, en tanto que a Ben inmediatamente se le ofreció una mejor posición en una iglesia en otra parte, con mejor salario y una carrera más prometedora. Llegó a ser una influencia de virtud y continuó en el proceso de madurez que comenzó cuando se vio desafiado.

Los hombres que escogen madurar, maduran.

Niveles de vida

La vida se vive en niveles y se va alcanzando en etapas. Por esto es que los pasos de un hombre justo son ordenados por el Señor.[4] Con cada paso se avanza a un nuevo nivel de responsabilidad, conocimiento o autoridad y demanda una mayor pro-

---

4   Salmo 37.23; Proverbios 16.9.

fundidad de carácter. En el crecimiento espiritual no hay edad de retiro.

Los niveles no son solamente verticales. Un ejército marcha horizontalmente, pero sus rangos tienen niveles de responsabilidad: conscripto, cabo, sargento, teniente, capitán, mayor, coronel, general. Cada uno representa un nivel mayor de rango, pero aun así siguen marchando en el mismo terreno. Los predicadores y laicos a menudo tienen diferentes medidas de revelación divina y responsabilidad, pero ambos están en el mismo terreno de fe ante Dios.

La madurez no llega con la edad sino que comienza con la aceptación de responsabilidad. El primer paso en la madurez espiritual es aceptar la responsabilidad por los propios pecados y por fe aceptar el perdón de Dios.

Los hombres de Dios son exhortados a madurar en la fe mediante un proceso. «Agregue a su fe, virtud; y a la virtud, conocimiento; y al conocimiento, temperancia; y a la temperancia, paciencia; y a la paciencia, piedad; y a la piedad, afecto fraternal; y al afecto fraternal, caridad».[5] La verdadera madurez comienza con la fe y culmina en la caridad, que es la completa expresión del amor.

La falta de esto es evidencia que una persona es espiritualmente inmadura. O nunca ha sido redimida de sus pecados, o se ha olvidado de ello. *La línea de demarcación entre los que han sido salvos y los que aun permanecen en sus pecados está en la cruz de Cristo.* La cruz es para el hombre la fuente de toda misericordia y toda verdadera doctrina teológica.

La cruz es también la más grande bendición del hombre o su peor maldición. Conocer el cristianismo con sabiduría de palabras pero sin el poder de Dios mediante la presencia del Espíritu

5   2 Pedro 1.5-7.

Santo y un conocimiento personal de Jesucristo es hacer la cruz inefectiva.

La cruz es para el hombre la fuente del más grande perdón o el peor pecado. Aquellos que esperan recibir una corona en el cielo sin haber aceptado la cruz en la tierra, que desean salvación por fe sin arrepentimiento y que suspiran por gloria sin la gracia son enemigos de la cruz.

La cruz es para el hombre la más grande gloria y para Satanás su peor derrota. Nuestra salvación no fue comprada con cosas corruptibles como plata u oro sino que fue comprada por la sangre preciosa de Cristo. No en vano el apóstol Pablo exclamó: «Dios no me permite a mí gloriarme, salvo en la cruz de nuestro Señor Jesucristo».[6]

Transigir respecto de la cruz lleva al engaño, causa perturbación, resulta en dislocación y termina en destrucción. Millones están en esa peligrosa posición constantemente.

La muerte de Cristo en la cruz por los pecados de la humanidad fue la expresión de la más grande madurez jamás conocida por el hombre. *Una cosa es aceptar responsabilidad por uno mismo, y otra aceptar responsabilidad por los demás.* Una vez que enseñaba esto en Nueva Zelanda, un pastor salió de la reunión con una nueva inspiración. Informó a su congregación que aceptaría la responsabilidad por pastorear a toda la comunidad, no solo a la membresía de la iglesia. Con esa decisión él y su gente aceptaron responsabilidad por la comunidad entera, y en cosa de pocos meses, la congregación más que se duplicó.

A menudo, los patrones del hombre le hacen evitar la cruz de Cristo. De todos los miembros de iglesias en los Estados Unidos:

10 por ciento no pueden ser hallados;
20 por ciento nunca asisten a los cultos;

6   Gálatas 6.14.

25 por ciento nunca oran;

30 por ciento nunca leen la Biblia;

40 por ciento nunca ofrendan a la iglesia;

60 por ciento nunca dan para la obra misionera;

75 por ciento nunca asumen un servicio ministerial en la iglesia;

95 por ciento nunca han ganado a una persona para Cristo. Y aun así

100 por ciento espera ir al cielo.[7]

Después que en el proceso de madurez pasan el nivel inicial de fe que provee salvación, los hombres deben volver a la cruz y agregar a su fe virtud, conocimiento, temperancia, paciencia, piedad, amor fraternal y caridad.

Una onda renovadora del Espíritu de Dios pasó por el mundo casi una generación atrás y produjo todo lo que conoce como la renovación carismática. De allí surgió una plétora de nuevos ministerios, organizaciones y doctrinas. Se hicieron muchas cosas buenas. El énfasis en el éxito que produjo el movimiento, sin embargo, tuvo la tendencia de eliminar la cruz de Cristo y pasar por alto el arrepentimiento. El resultado ha sido confusión, dificultad y angustia al confundir la gente soberbia con fe y tristeza humana con dolor piadoso.

El éxito en la vida no es la meta de la cruz: es el resultado de la cruz.

Un estilo de vida de riqueza y fama no es ni promesa ni propósito de Dios. La obra de Dios no es «remendar pecadores» que retienen sus pecados bajo una apariencia de justicia. La confesión no es la única cosa para la conversión. La Palabra de Dios no es una banda adhesiva que pueda curar la herida

---

7   Citado por John Maxwell de *Injoy Ministries,* Lemon Grove, California, en la serie grabada «Stewardship is Lord», casete 1.

mortal del pecado. Hay una diferencia entre *renovación y avivamiento*.

Por el otro lado, prosperidad no es la obscenidad de once letras pintada por algunos que eligen vivir por debajo de su potencial. Prosperidad es la sucesión ordenada de resultados de una vida vivida en rectitud.[8]

Satanás hizo a Jesús una oferta en el sentido que podía ganarse todos los reinos de este mundo sin ir a la cruz. Jesús rechazó la tentación porque Él conocía el principio: «Sin cruz no hay corona». La cruz es donde usted muere a su yo y al pecado. «¿Cómo viviremos aun en él lo que hemos muerto al pecado?», dice la Escritura.[9]

Muchos hombres que tratan de vivir una vida espiritualmente madura han olvidado el primer paso. Se les ha enseñado a creer y ejercitar la fe en Cristo sin primero sentir pena por sus pecados. Buscan satisfacerse ellos mismos y sus necesidades sin primero buscar la satisfacción de la necesidad de la salvación, la cual comienza con el arrepentimiento. En consecuencia, piden ayuda para librarse de sus hábitos, de patrones mentales y de sus emociones excesivas. Al saber que algo anda mal, quisieran alcanzar la victoria sobre los problemas que les atormentan pero no pueden encontrar alivio.

Pasos para crecer

¿Cómo crecen los hombres?

Primero, necesitamos entender que hay una diferencia entre nuestras obras de la carne y el engaño, la tentación o la acusación de Satanás. Satanás puede tentarnos, pero nosotros no pecaremos sino hasta que seamos arrastrados por nuestra propia lujuria.[10] Satanás no tiene el poder para hacernos pecar. El poder

8   Salmo 1.2,3.
9   Romanos 6.2.
10   Gálatas 5.19; Santiago 1.14.

descansa en nosotros mismos, por lo que antes de enfrentarnos inexorablemente a él, tenemos que enfrentarnos inexorablemente a nosotros. Por esto es porque la Biblia dice que primero hay que someterse a Dios, y luego resistir al enemigo.[11]

Lo que se somete crece fuerte. Lo que se resiste, crece débil. La verdadera libertad nace de la sumisión.

Segundo, nos reconocemos muertos a la carne, resistimos al diablo y vivimos rectamente en este presente mundo malo.[12]

Tercero, no resistimos a la carne y consideramos al diablo muerto. Muchos se encuentran luchando contra la carne y tratando de morir al diablo. Esta es una perversión tanto de la verdad como de la vida. Usted no puede librarse de las obras de la carne luchando contra Satanás, sino mortificando los miembros de su cuerpo... reconociéndose a usted mismo muerto al pecado.[13] El método es dolor piadoso y arrepentimiento genuino.

Las obras de la carne son aquellos hechos, pensamientos y motivos llevados a cabo en el cuerpo sin el control del (o fuera de la influencia del) Espíritu Santo de Dios. Son algo natural a la vieja naturaleza no redimida y carnal. Las obras de la carne caen, en último término, en estas categorías: 1) pecados de pasión sensual: adulterio, fornicación, obscenidad, lascivia; 2) pecados de superstición: idolatría y hechicería (brujería); 3) pecados de desorden social: odios, desavenencias, rivalidades, cólera, pleitos, rebelión, herejías, envidias y homicidios; 4) pecados de exceso: borracheras y rebeliones.[14]

Cuarto, hay que morir diariamente.[15] El morir requiere de una decisión. En el conflicto entre la carne y el Espíritu, cuando

11   Santiago 4.7.
12   Romanos 6.11; Santiago 4.7; Romanos 8.13; Gálatas 1.4.
13   Romanos 8.13; Colosenses 3.5; Romanos 6.11.
14   Gálatas 5.19-21.
15   1 Corintios 15.31.

usted se decide por el Espíritu, usted está negando (o muriendo a) la carne. Como la resurrección sigue a la muerte en Cristo, así el poder fluye de la obediencia a la Palabra y al Espíritu de Dios.

Quinto, algunos que nunca han vencido a las adicciones (la Biblia los llama pecados que asedian[16]) creen que están peleando con Satanás cuando en realidad están contendiendo con sus propios hábitos y debilidades.

Sexto, el pecado puede ser sacado de la vida solo por vía de la boca. El arrepentimiento precede a la fe. Confesión sin compromiso, sin embargo, es solo un vano parloteo.[17]

«Mezcla de sexos», «tibieza» y «confusión» son solo algunos de los adjetivos que describen a la sociedad de hoy. Es imperativo, como nunca antes, escuchar la advertencia de Dios. «Yo soy el Señor... No harás ayuntar tu ganado con animales de otra especie; tu campo no sembrarás con mezcla de semillas; y no te pondrás vestido con mezcla de hilos».[18] No críes una vaca con un caballo; no mezcles el hierro con el barro; no juntes la fe cristiana con creencias paganas; no mezcles sistemas mundanos basados en la sicología con la teología bíblica; no confundas verdad con error.

La tibieza es una mezcla de caliente y frío. Es la característica de nuestro día, cuando todo está siendo mezclado y la gente ya no puede reconocer lo recto y lo torcido, lo verdadero y lo falso, lo blanco y lo negro. Todo está arreglado para «mezclar». La sociedad inclinada a la sexualidad. La iglesia tibia. Pero la mezcla se torna insípida, inservible, como paja que se saca del trigo, como comida de puercos, basura religiosa. Dios dijo que a lo tibio lo «vomitaría» de su boca.[19] Le provoca nauseas. Niégate a crecer y serás vomitado.

16   Hebreos 12.1.
17   1 Timoteo 6.20.
18   Levítico 19.18,19.
19   Apocalipsis 3.16.

Los hombres necesitan conocer la verdad. *Los sermones no hacen de usted una persona libre; lo hace la verdad de Dios.*

Hacer lo correcto no siempre nos transforma en una persona popular, y ser popular no siempre nos hace una persona correcta. Jesús no fue popular. Él fue justo. Hoy tampoco es popular, excepto entre los justos.

La justicia se origina en el Calvario. El arrepentimiento es el punto fundamental entre la rebelión y la reconciliación, y guía a la justicia. Jesús no nos proveyó con fórmulas para auto ayuda sino con la vieja cruz de madera. Esta es la línea divisoria en nuestro mundo. No blanco-negro, rico-pobre, tener-no tener, sino la cruz. Este es el asunto.

«Ninguna condenación hay para los... que no andan en pos de la carne, sino en pos del Espíritu».[20] La Biblia no dice, «No hay condenación», con punto final. El requisito para vivir sin condenación es caminar en el Espíritu.

Se gana al perder

El principio de ganar al perder está también establecido por la cruz. Si usted pierde su vida, la salvará; si usted quiere salvarla, la perderá. Antes de la resurrección está la muerte. *No hay resurrección sin muerte, y no hay muerte en Cristo sin resurrección.*

La Escritura nos enseña que la humildad precede a la bendición.[21] Jesús enseñó que el verdadero gozo nace de la pena.[22] En la primera iglesia, antes de la multiplicación hubo resta. El apóstol Pablo contó todas las cosas como pérdidas para poder ganar a Cristo.[23] El Señor dijo: «Dad, y os será dado».[24] En todo esto, perdemos antes de ganar.

20 Romanos 8.1.
21 Santiago 4.10.
22 Juan 16.21.
23 Filipenses 3.8.
24 Lucas 6.38.

«Se gana negociando» es el mensaje de la parábola de los talentos. Negociar es un proceso de intercambio, el cual también es el proceso de la vida. Para ganar, cambiamos lo poco por lo mucho. Traiga sus pecados al Calvario y cámbielos por la justicia de Cristo. Traiga sus ideas, motivaciones y metas a la cruz y cámbielas por el único plan para el cual Dios lo creó a usted y que sólo Él puede llevar a cabo.

Pero morir no es fácil. La rendición no viene naturalmente. La humildad es dura para nuestro orgullo. No es divertido perdernos a nosotros mismos ni reconocer que no sabemos nada. Sin embargo, es mejor que transar. La nación de Israel transó con la lujuria cuando Jehová Dios los traía a la tierra prometida. Sus pies los llevaban a Canaán, pero sus corazones habían quedado en Egipto. Fue más fácil ceder que mantenerse firmes. La debilidad de sus vidas se originó en la dureza de sus corazones.

La debilidad en Israel se vio más y más en:

1. Indisposición a enfrentar las pruebas
2. Incapacidad para la autodisciplina
3. Resistencia a la represión y a la corrección
4. Negativa a enfrentar la realidad
5. Aceptación de los estándares del mundo que los rodeaba
6. Deseos de gratificar la carne

De toda la nación de Israel, solo dos hombres tuvieron la fe de Dios para entrar en Canaán. Se enfrentaron a la opinión mayoritaria del pueblo. No fue fácil, pero se mantuvieron firmes en su posición. Una generación entera murió en el desierto; solo dos sobrevivieron. Josué y Caleb heredaron la tierra y guiaron a una nueva generación. Infatigables en fortaleza, incansables en esfuerzo, incesantes en la búsqueda de la promesa de Dios, llegaron a ser héroes de la fe en Dios: hombres fuertes en tiempos difíciles.

Tenga valor suficiente para morir a la carne. Dispóngase a luchar contra las fuerzas del mal tanto interna como externamente. Decídase a no transar. Haga de la cruz su gloria, no su propia hazaña.

Daniel profetizó: «Pero el pueblo que conoce a su Dios será fuerte, y hará proezas».[25]

Cuando la gente a su alrededor quiera tomar el camino fácil, ¿está usted dispuesto a ir por el camino de la cruz? ¿Hay en su vida suficiente buen carácter para proponerse conocer a Dios? Si es así, en los días que tiene por delante, usted será una de esas personas a quienes Dios podrá señalar como hechura suya. Él le ayudará a hacer su voluntad y hará que usted realice proezas de fe tales que el mundo jamás haya visto.

¡Es su turno!

◆

25   Daniel 11.32.

PENSAMIENTOS FINALES

- La vida se vive en niveles y se va alcanzando en etapas.
- El éxito en la vida no es la meta de la cruz; es el resultado de la cruz.
- Lo que se somete crece fuerte. Lo que se resiste, crece débil.
- Los sermones no hacen de usted una persona libre; lo hace la verdad de Dios.
- Hacer lo correcto no siempre nos transforma en una persona popular, y ser popular no siempre nos hace una persona correcta.
- El arrepentimiento es el punto fundamental entre la rebelión y la reconciliación, y guía a la justicia.
- No hay muerte en Cristo sin resurrección.
- La humildad precede a la bendición.
- La debilidad de la vida se origina en la dureza del corazón.

REFLEXIONES

1. ¿Ha pasado usted por la angustia de tener que reconocer que se ha equivocado? ¿Las cosas han salido mejor o peor de lo que usted esperaba?

2. ¿Qué ocurrió en la vida de Pablo cuando se arrepintió de su pecado?

3. ¿Qué es más fácil para usted: someterse diariamente a Dios, morir a la carne o resistir al diablo?

SEIS

◆

EL GRAN ROBO

*Como la Palabra de Dios
es a Él, nuestra palabra debe
ser a nosotros.*

LOS HOMBRES EN el estadio sumaban unos veintidós mil. Aplaudían, golpeaban, gritaban y se daban palmadas en la espalda de puro entusiasmo. Reían, gritaban y aun cantaban como nunca se había visto en un acontecimiento deportivo, militar o político. No se trataba de una revuelta, de un encuentro deportivo ni de la revista a las tropas de algún país. Era un encuentro de cristianos, que se reunían con ocasión de celebrar su hombría bajo el Señorío de Jesucristo.

Mientras me preparaba para hablarles, me sentí un poco tembloroso interiormente. ¿Serían adecuadas mis palabras? Me preguntaba si algunos habrían oído mi nombre antes, leído mis libros o escuchado mis enseñanzas a los hombres que comenzamos más de una década atrás. Si no, ¿cómo podría resumir trece años de enseñanza a hombres en solo una hora? ¿Qué tema querría el Señor que prevaleciera sobre cualquier otro? Pensaba en lo que el entrenador Bill McCartney me había oído enseñar años atrás.

Mirando a la multitud reunida en aquel día de mediados de verano, empecé en la misma forma que lo hago siempre en las reuniones con hombres: hice alzaran las manos abiertas y se saludaran fuertemente, diciendo: ¡Gracias a Dios, eres un hombre!» Al verles sonriendo, alzando las manos y compartiendo el gozo de ser hombres, no pude sino sentir admiración por el entrenador McCartney por su valor y fe al organizar un encuentro así. Estaba alcanzando su meta de despertar a los hombres a la necesidad de ser hombres de palabra.

Bill tiene algunas características parecidas a las de Daniel. Ambos son fuertes. Una medida de su fortaleza es su tenacidad. Ser tenaz no quiere decir ser rudo. Es la disposición de enfrentar la realidad, una confrontación con la verdad y abrazarla a expensas de uno mismo. La fortaleza de Bill lo capacitó para enfrentar una agotadora temporada de fútbol en medio de una tragedia personal y con un equipo que alcanzó los titulares de las primeras planas nacionalmente tanto por buenas como por malas razones. Aun así, terminó en el tope, como el número uno en todo el país. Por eso, no era extraño que tuviera algo que decir a otros hombres.

Ser tenaz es ser resistente, durable y dúctil.

Ese año, mi participación en *Promise Keepers* [Cumplidores de promesas] fueron las reuniones de los sábado por la mañana. Los hombres se veían entusiasmados, listos para emprender el día. Mi corazón latía con fuerza mientras ellos tomaban asiento y yo les decía lo que creía que Dios me había inspirado a decirles. Es difícil resumir una vida entera de enseñanzas, pero si usted quiere permanecer firme en los tiempos difíciles que están por venir, necesita conocer un poco de las bases de la hombría. Así como se las referí a aquellos hombres ese día, quiero referírselas a usted ahora.

Una de las señales importantes de la hombría está en la palabra del hombre. Para ser conformados a la imagen de Cristo,[1] nuestras

1   Romanos 8.29.

palabras deben conformarse a la Palabra de Dios. La Palabra de Dios es tenaz. Sobrevive a los tiempos difíciles.

Cinco proposiciones relacionadas con la Palabra de Dios

Aquí tenemos cinco verdades relacionadas con Su Palabra.

1. *La Palabra de Dios es su garantía.*

Cuando Dios hizo una promesa a Abraham, no pudo jurar por nada más grande que Él, por lo tanto, juró por sí mismo.[2] En el nuevo pacto establecido mucho después que el de Abraham, en el cual Cristo es el mediador, Cristo mismo es la Palabra que confirma la promesa de salvación.

2. *La Palabra de Dios es la expresión de su naturaleza.*

Jesucristo vino a la tierra como la «imagen expresa» de la persona de Dios.[3] Le dijo a Felipe: «Todo aquel que me ha visto a mí, ha visto al Padre».[4]

Un versículo de la Escritura afirma: «En el principio fue la Palabra, y la Palabra era con Dios, y la Palabra era Dios».[5] Cristo es la Palabra viviente de Dios.[6] Porque la Palabra de Dios es la expresión de su naturaleza, cuando Cristo vino, fue necesario que Él fuera la Palabra hecha carne.[7] La misma naturaleza de Dios es revelada en Jesucristo. De igual manera, Jesús es revelado en la Palabra escrita. Así como Jesús es la Palabra de Dios revelada, la Biblia es la Palabra de Dios revelada a nosotros. La Palabra es hecha viva en nuestros corazones por el Espíritu Santo.

3. *La Palabra de Dios es la medida de su carácter.*

2   Hebreos 6.13.
3   Hebreos 1.3.
4   Juan 14.9.
5   Juan 1.1.
6   Juan 1.1,4,14; 6.51.
7   Juan 1.14.

Cuando Jesús se refirió a sí mismo como el Alfa y la Omega, estaba usando la primera y la última letra del alfabeto griego.[8] En otras palabras, Él es el principio y el final. Si Él fuera a usar el alfabeto español, él diría, «Yo soy la A y la Z», la primera y la última. El uso del alfabeto es una forma divina de revelar la medida de su carácter.

Piense cuántas veces se han usado las veintisiete letras del alfabeto, tanto en palabras dichas como escritas, desde que el alfabeto es alfabeto. Aún así es tan nuevo como cuando se inventó. Es posible que algunas palabras hayan cambiado en cuanto a significado, pronunciación o forma de escribirse, pero el alfabeto mismo es indisminuible, interminable e inmensurable. Así también es Cristo.

Piense en todos los sermones que se han predicado acerca de la Palabra de Dios; toda la revelación de la Palabra que se ha podido conocer; los libros que se han escrito al respecto; cuánto se usan hoy en día; y sigue siendo tan nueva hoy como cuando fue dada. El carácter de Dios no tiene fin, ni tampoco lo tiene su Palabra. No importa cuánto de Él mismo Él revele, aun en la eternidad, la revelación de su carácter no tiene fin. La medida del carácter de Dios está en su Palabra.

4. *La Palabra de Dios es magnificada por encima de su nombre.*

El nombre de Dios es tan bueno como su Palabra. Si su Palabra no fuera buena, tampoco lo sería su nombre.

La fe viene por el oír y el oír por la Palabra de Dios, dice la Biblia. La oración de fe siempre se hace sobre la base de su Palabra.[9] El uso de su nombre es autorizado en su Palabra. Cuando Jesús dijo que se usara su nombre,[10] Nos estaba diciendo

8   Apocalipsis 1.8.
9   Romanos 10.17
10   Marcos 16.17.

literalmente que usáramos su autoridad. Pero el uso de su nombre viene de la autoridad de su Palabra.

5. *La Palabra de Dios es la única fuente de fe y la absoluta regla de conducta.*

«No hay otro nombre debajo del cielo dado a los hombres, en el que podamos ser salvos» aparte del nombre de Jesucristo.[11] La Palabra de Dios por sí sola, aceptada por fe, tiene el poder de salvar. Nosotros somos salvos por la incorruptible semilla de la Palabra de Dios. «No solo de pan vivirá el hombre», sino de toda palabra de Dios.[12] La Palabra de Dios permanece segura.

La historia siempre se repite, y aunque la cultura pueda cambiar, la naturaleza del hombre sigue siendo la misma. Vivimos en un día no muy diferente al tiempo cuando vivió Isaías, el «príncipe de los profetas». Él profetizó a su generación y a su nación que sus transgresiones no les eran desconocidas a ellos.[13] Los pecados que testificaban en contra de ellos eran «faltar y mentir contra el Señor, y alejarse de su Dios, hablar calumnia y rebelión, concebir y proferir del corazón palabras de falsedad».[14] Isaías dijo que «el derecho se volvió atrás, y la justicia se puso lejos».[15]

Los hombres que están familiarizados con el estándar de la Palabra de Dios conocen los pecados de sus países, cómo la gente se ha maltratado mutuamente y se ha rebelado contra la autoridad en ciudades y hogares. Para mí, en los Estados Unidos el juicio se ha vuelto atrás y nuestro sistema de justicia está más preocupado de los derechos de los criminales que de sus víctimas. La justicia parece «haberse puesto lejos» porque parece tan difícil para el hombre común dar con ella, aunque pareciera que ciertos hombres pueden comprarla.

11   Hechos 4.12.
12   Mateo 4.4.
13   Isaías 59.12.
14   Isaías 59.13.
15   Isaías 59.14.

Isaías, hablando por el Espíritu de Dios, dijo que la razón de nuestras enfermedades es que la verdad «tropezó en la calle... y la verdad falló».[16]

El año pasado, mientras preparaba mi primer viaje ministerial a cierta parte del mundo que había sido recién liberada del comunismo, hablé con una persona de aquella nación. «Estoy impresionado», le dije, «porque podré hablarles de la Palabra de Dios y la palabra del hombre, y cuán importante es ser hombres de palabra y amantes de la verdad».

«En mi país», replicó lentamente, con una amable pero triste expresión, «primero tendrá que enseñarnos qué es la verdad. Mi gente ya no lo sabe».

Como consecuencia del colapso del comunismo, la gente de esa nación supo a la terrible realidad de que sus líderes les habían estado mintiendo por años. En el trauma de aprender de las mentiras y tratando de encontrar la verdad, muchos ciudadanos abiertamente prefirieron volver atrás, a como las cosas estaban antes. Al menos podrían creer algo por ignorancia. Descubrir la verdad les fue tan duro como cavar en busca de plata u oro. No sabían qué creer, y en vez de tratar de descubrir cuál era la verdad, estaban dispuestos a conformarse con una mentira.

Un reportaje en una reciente edición de la revista *Time* se intitula «Mentir» y se refiere a esta plaga endémica en el carácter nacional de los Estados Unidos. El autor se atrevió a decir que «todos lo hacen». Debido a que todo el mundo lo hace, la mentira se ve como la regla en lugar de la excepción a la regla. Días después, una carta al editor lo regañaba: «No creo que hayan podido encontrar una mejor manera de animar a que se mienta que decir que todo el mundo miente».[17]

---

16   Isaías 59.14,15.
17   «Letters» [Cartas], *Time*, 26 de octubre de 1992, p. 6.

Las verdades de la Palabra de Dios y la alarmante ausencia de verdad en el mundo de hoy es determinante respecto de cómo los hombres viven sus vidas. En el libro de Génesis, la Palabra de Dios relata la creación del hombre y establece categóricamente que Adán fue creado a la imagen de Dios y conforme a su moral.[18] Dios se invirtió a sí mismo en Adán. En ese divino darse, Dios dotó al hombre con poder creativo, tanto en sus genitales como en su boca.

Que la humanidad pueda reproducir una creación a la imagen de Dios es una de las grandes maravillas del universo. Lo que se forma en el vientre es una creación a la imagen del Dios todopoderoso. Hacer del vientre una tumba, destruyendo lo que Dios ha determinado que sea según su imagen, es un crimen contra Dios mismo.

El poder creativo está también en la palabra del hombre. El hombre habla y trae a la existencia cosas y asuntos que nunca existieron antes en la historia del universo. Increíblemente, la Escritura dice que la lengua tiene el poder de la vida y de la muerte.[19] Por eso, tenemos que hablar con el temor de Dios. Y también dice que tendremos que dar cuenta por cada palabra ociosa que hayamos pronunciado.[20]

Cinco propuestas respecto a nuestra palabra

Debido a que somos creados a la imagen de Dios, lo que la Palabra de Dios es a Él, nuestra palabra debe ser a nosotros. Dios vigila que su Palabra se cumpla. Eso mismo debemos hacer nosotros. Las mismas verdades respecto de la Palabra de Dios se aplican a nuestras propias palabras.

18   Génesis 1.26,27.
19   Proverbios 18.21
20   Mateo 12.36.

1. *Nuestra palabra es nuestra garantía.*

Recuerdo los tiempos de mi juventud cuando el carácter de los hombres parecía ser más fuerte y rico en integridad que lo que parece ser ahora. El ambiente moral era tal que mentir, engañar y robar eran pecados mayores. Aquel que fuera sorprendido en uno de ellos era expulsado de la escuela, privado de practicar leyes, despedido de los cargos públicos y su reputación quedaba arruinada. Cuando un hombre le daba a usted su palabra y como sello chocaban las manos, aquello era más seguro que un contrato firmado. A menudo los contratos no eran necesarios. La palabra de un hombre era su garantía. Al dar su palabra, un hombre estaba haciendo un pacto, y el apretón de manos era la señal de ese pacto.

Tal no es la regla en el mundo de hoy. Los abogados redactan documentos legales con cuidado extremo para cubrir cualquier detalle del acuerdo. Pero el papel es apenas tan bueno como el carácter de la gente que lo firma. Aun en el matrimonio, los hombres todavía hacen votos para mantenerse unidos «hasta que la muerte los separe», pero con demasiada frecuencia consideran sus votos como parte de un ritual sin mayor importancia. Fuera de la iglesia cristiana, en la mayoría de los casos, esa frase ha sido eliminada. Incluso he oído a un pastor decir: «¿Para qué hacerles mentir en el momento de su matrimonio?»

Cuando los hombres no tienen en alta estima la verdad, tampoco tienen en alta estima su palabra.

2. *Nuestra palabra es la expresión de nuestra naturaleza.*

En los primeros días de mi experiencia cristiana, se nos enseñó que deberíamos «santificar nuestro hablar». Pero a veces la gente utiliza expresiones e interjecciones fuertes con diferentes connotaciones de sensualidad o violencia. Y en muchos lugares se usa la expresión *¡Dios mío!* con una absoluta irresponsabilidad y ligereza.

Para nosotros, la salvación fue una experiencia completa. El Espíritu Santo ha tenido que trabajar por dentro y por fuera para limpiarnos de toda injusticia. Las palabras de una persona revelan su naturaleza.

Mi opinión, que no trataré de justificar con pasajes y versículos de la Biblia, es que en el día del juicio de Dios, los productores de películas tendrán que presentarse y dar cuenta por el daño que han causado al clima moral del mundo con sus malas palabras. Aunque se declaren inocentes diciendo que usaron el lenguaje de todos los días, han contaminado la mente, el corazón y la boca de la juventud del mundo. En mi criterio, ellos son culpables de bajar los estándares y de destruir literalmente una cultura generacional por su codicia de dinero.

En sus blasfemias y maldiciones, el mundo profana el nombre de Cristo, mientras los cristianos juran por ese nombre. Un hombre que usa el nombre Jesús o Dios como interjección en su conversación diaria no puede ser sincero al adorar el domingo ese nombre. La idea de limpiar nuestro hablar debería ser reavivada.

3. *Nuestra palabra es la medida de nuestro carácter.*

La honestidad del corazón humano y la profundidad del carácter varonil se muestran por la forma en que se mantiene la palabra. A esto se le llama integridad. El profeta Job clamó en su profunda necesidad: «No quitaré de mí mi integridad».[21]

Dios encomendó a Job a Satanás, diciéndole: «Él todavía retiene su integridad».[22]

La esposa de Job, exasperada después que habían perdido todas sus posesiones, habló en contra de él, diciendo, «¿Todavía retienes tu integridad? ¿Por qué no maldices a Dios y te mueres?»

21 Job 27.5.
22 Job 2.3.

Pero la prueba a que fue sometido Job no es extraña a los difíciles días a los que estamos entrando. Es duro cuando...

- su esposa y sus hijos mueren en un accidente de auto provocado por un chofer borracho.
- pierde sus posesiones por una inundación o un terremoto, y el seguro no cubre las pérdidas.
- el país donde usted nació le confisca su propiedad, atenta contra su familia, lo tortura y lo manda al exilio para que trate de reconstruir su vida donde pueda.
- una enfermedad mutilante le ataca los ojos justo cuando usted está lanzando su carrera como artista.

Conozco hombres que viven cada una de estas situaciones. Su integridad se mantiene invariable pese a estas pérdidas.

Los hombres que han dado prueba de su integridad son dignos de admiración y de gran respeto. Como dice la Biblia, un hombre con integridad es alguien que jura «por su propio daño» y no cambia.[23] En otras palabras, es la clase de hombre que respeta su palabra aunque le cueste.

4, *Nuestra palabra es magnificada por sobre nuestro nombre.*
Nuestro nombre es bueno si nuestra palabra lo es. Si nuestra palabra no es buena, nuestro nombre no es bueno.

Los hombres que no valorizan sus palabras están minimizando su propio valer. Un impresionante número de personas somete currículos falsos cuando está postulando a un trabajo. Los hombres exageran y las mujeres mienten; luego, cuando son descubiertos, se enfurecen porque son despedidos. No importa el nivel de su trabajo, su valor se viene abajo inexorablemente cuando son considerados indignos de confianza.

23 Salmo 15.4

5. *Nuestra palabra es la fuente de fe y regla de conducta para quienes se la damos.*

Dios es el magnimizador de los hombres; Satanás es un usurpador. Cristo es verdad; Satanás es el padre de la mentira.[24] Satanás tiene el carácter de un ladrón que roba, mata y destruye.[25] Satanás ataca la Palabra de Dios para inducir al hombre al pecado. Si ataca la Palabra de Dios, es obvio que atacará también la palabra del hombre para llevar al pecado al hombre y a aquellos a quienes éste ha dado su palabra.

Cuando Satanás se acercó a Eva en el Edén, su acusación en contra de la Palabra de Dios sutilmente socavó la fe de Eva. Adán negó el derecho de posesión de Dios y rechazó su soberanía, por lo que fue expulsado de la presencia de Dios. Al atacar la Palabra de Dios, Satanás le robó la fe a Adán y a Eva, mató su relación con Dios y destruyó sus vidas. Sus ataques a la vida de los hombres hoy sigue partiendo por la Palabra de Dios.

La vida de Moisés fue una constante confrontación con las privaciones, el ostracismo, la sedición, la idolatría, la obstinación y la total rebelión. Se le describió como el más manso de los hombres,[26] pero, como Jesús, su humildad no era debilidad.

Cuando Moisés le dijo a Faraón que Dios quería que dejara ir a su pueblo, Faraón rechazó sus palabras y acusó a Moisés de tratar de chantajearlo para hacer más fácil la vida de los israelitas. Después de las plagas, Faraón finalmente cedió. Pero en seguida decidió perseguir a Israel para recuperar las cosas tomadas de su nación. Más que eso, Faraón atacó la Palabra de Dios que dijo: «Deja ir a mi pueblo».[27]

El profeta Elías fue amenazado por Jezabel después que hubo

24   Juan 8.44.
25   Juan 10.10.
26   Números 12.3.
27   Éxodo 8.20.

derrotado a sus sacerdotes y quitado su ídolo de Baal. El «espíritu de maldad» en Jezabel no quiso que la Palabra de Dios prevaleciera a expensas de ella. Los falsos profetas guiaron al pueblo a la idolatría, enseñándoles «verdades tan oscuras» que les llevaron a la inmoralidad y a la adoración de Baal.

Siglos más tarde, el apóstol Pablo nos amonesta a no participar con aquellos que no tienen la doctrina de Cristo.[28] La astucia de Satanás es atacar la Palabra de Dios y prometernos «verdadera» libertad mientras nos ata. *Todo pecado promete servir y complacer, pero sólo desea esclavizar y dominar.*

En su parábola del sembrador y la semilla, Jesús nos dijo que inmediatamente después que la palabra es sembrada, viene Satanás para robarla.[29] Inmediatamente después de la conversión viene la tentación de negar la realidad de la experiencia. La gente lo desprecia, los familiares se burlan, y el deseo por los viejos hábitos crece. Si no permanecemos cerca del Señor, la Palabra de Dios puede ser robada, nuestra fe puede ser muerta, y nuestra relación con Dios puede ser destruida. Pero vencer los ataques a la Palabra de Dios leyéndola y hablando de ella reagrupa y confirma nuestra relación con Él.

Satanás no solo trata de «robar» la Palabra de Dios, sino que también trata de robar nuestra propia palabra. Piense en un padre que promete llevar a su hijo de pesca. El hijo de inmediato se prepara, arregla la caja con señuelos y la pone debajo de la cama junto con la caña de pescar mientras sueña en el día de pesca que va a tener con su padre. Pero la noche antes de la excursión, un amigo del padre lo llama diciéndole que tiene unos boletos para el partido de fútbol, y el padre acepta la invitación.

Temprano en la mañana, el hijo se levanta, ansioso de salir,

---

28   1 Timoteo 5.22.
29   Marcos 4.13-20.

sólo para escuchar que su padre va a ir al juego de fútbol. Desilusionado, el hijo se pone de mal humor y más tarde se niega a venir a la mesa hasta que es amenazado. Los días siguientes son de una actitud de resentimiento hasta que el padre, exasperado, le dice que o cambia o será castigado. El malestar del niño se transforma en resentimiento, y luego aumenta hasta que se transforma en rebeldía. Sin darse cuenta de su propia culpabilidad, el padre repite su conducta y sin poder hacer nada, observa el endurecimiento del corazón de su hijo.

¿Y qué del marido que siempre está prometiendo a su esposa que va a cambiar pero siempre se vuelve atrás, o que le va a dar ciertas cosas o la va a llevar en un viaje de placer pero nunca lo hace? Parece no darse cuenta que le está enseñando que no confíe en su palabra. La confianza llega hasta el límite de la verdad, y no más.

Frente a la verdad

Cuando hube finalizado de hablar ese sábado por la mañana, y recorría el lugar para disfrutar del resto de la conferencia, un hombre me detuvo. Clavó sus ojos en los míos y dijo:

—En toda mi vida, nunca un hombre me había hablado como lo hizo usted.

—Lamento si fui demasiado duro o si la verdad le ofendió —respondí.

—¡Nada de eso —me dijo rápidamente, interrumpiéndome—. Usted me dijo todo lo que ha estado mal en mí. He sido predicador toda mi vida. Actualmente, mi esposa no quiere ir conmigo a la iglesia, mis hijos han dado la espalda a Dios, y mi congregación es cada vez más pequeña. He estado culpando a mi familia, pensando que su ausencia ha influido negativamente en los miembros, haciendo que ellos también se vayan. Pero usted me dijo algo que nunca antes había oído. Usted me dijo que todo era culpa *mía*.

—Bueno... —intenté decir algo para tratar de aliviar la intensidad del sentimiento del hombre.

—Me quedé allí escuchándole —dijo, interrumpiéndome de nuevo—. Y oí la verdad de que mi palabra es mi garantía, la fuente de fe a la gente que me escucha, y que mi nombre vale lo que vale mi palabra. Por primera vez en mi vida, sé lo que hice a mi familia.

»Toda mi vida hice promesas de lo que haría por ellos, sabiendo que con mi salario limitado y el poco tiempo de que dispongo probablemente no podría cumplir. Me di crédito por mis propias promesas e intenciones. Para mí, yo era una persona con buenas intenciones que quería poder cuidar de mi familia. Ahora me doy cuenta que para mi familia, yo fui un mentiroso.

»Toda mi vida me consideré un hombre de la Palabra de Dios. Ahora, de pronto, honestamente no puedo decir eso, porque no soy un hombre de palabra. Si hubiese sido un hombre de la Palabra de Dios, habría sido un hombre de palabra.

Con intensidad creciente finalizó su mensaje a mí en la forma en que uno pronunciaría una bendición:

—Usted ha desenredado toda mi vida. Ahora vuelvo a casa a tratar de recomponerlo todo. No sé si lo podré hacer, ni si ellos van a creer en mí, pero tengo que intentarlo.

Sin esperar mi reacción, dio media vuelta y salió de mi vida. Si él lee esto, espero que me escriba. Quiero saber cómo terminó todo.

¿Difícil? Sí, difícil. ¿Pero verdadero? ¡Seguro que sí!

He escuchado a hombres que entregan a Dios su palabra y después no la cumplen. No se dan cuentas que su palabra está siendo objeto de robo. Su enemigo es su propio carácter superficial que no tiene la fuerza suficiente en sí, pero también lo es la conspiración satánica para robarle sus palabras, matar su influencia y destruir su éxito y sus relaciones.

En el modelo escritural, el profeta siempre antecede al liberador. El rol del profeta es traer temor del Señor al corazón de la gente, mostrarles su necesidad de cambiar. Al viajar por el mundo y oír a la gente orar por avivamiento, me pregunto cómo va a venir una renovación si no hay temor del Señor en el corazón de los hombres que los haga ser hombres de la Palabra de Dios, demostrado por ser cumplidores de palabra.

No es sorprendente que Dios esté levantando hombres a lo ancho y largo de la tierra para que llamen a todos los hombres al arrepentimiento.[30] Es hora de dejar a un lado la mentira y «que todo hombre hable verdad»[31] con Dios y con su prójimo. Respeto por la Palabra de Dios significa respeto por *nuestra* propia palabra. Fuimos creado a la imagen de Dios. Seamos hombres de la Palabra de Dios. Seamos hombres de palabra.

◆

30   Hechos 17.30.
31   Efesios 4.25.

PENSAMIENTOS FINALES

- La Palabra de Dios es su garantía.
- Lo que la Palabra de Dios es a Él, nuestra palabra debe ser a nosotros.
- Nuestro nombre vale lo que vale nuestra palabra.
- Nuestra palabra es la fuente de fe y regla de conducta para quienes se la damos.
- Todo pecado promete servir y complacer, pero sólo desea esclavizar y dominar.
- La confianza llega hasta el límite de la verdad, y no más.
- El profeta siempre antecede al liberador.

REFLEXIONES

1. ¿En la palabra de quién confía usted más que en la de cualquiera otra persona?

2. Si usted hubiera sido uno de los doce discípulos y hubiera sorprendido a Jesús en una mentira, ¿qué efecto habría producido en su confianza en Él?

3. ¿Le ha dado Dios alguna vez una «palabra» que posteriormente no haya cumplido? ¿Han quedado también sin cumplir sus palabras? ¿Qué puede hacer esta semana para ayudar a otros a creer en su palabra?

SIETE

◆

EL REGALO MÁS GRANDE

*Cuando Dios nos perdona,
no vuelve a acordarse
de nuestros pecados.*

EL RESTAURANTE DONDE estábamos sentados estaba iluminado por la luz de un sol incandescente que entraba por las ventanas. La deliciosa comida estaba a la altura del alegre ambiente, y la agradable conversación de mi amigo completaba la grata hora del almuerzo. Mientras nuestra conversación se hacía más íntima, me hizo partícipe de un problema que le venía perturbando muy seriamente.

—Tengo un problema, o más bien un amigo muy cercano tiene un problema —me dijo—. Tom ha trabajado conmigo durante tanto tiempo que ya es como un hermano. En realidad, mi relación con él es mucho más estrecha que la que tengo con mi propio hermano. Nuestra confianza en él es tal, que cuando Jan y yo nos vamos de vacaciones, dejamos la compañía en sus manos y a nuestros niños los dejamos con su esposa. Hemos pasado Navidad juntos con su familia. Siempre ha sido un cristiano de una gran fortaleza.

Después de una pausa continuó:

—La otra tarde, Tom vino a mi oficina y me dijo que había

almorzado con un abogado especializado en divorcios. Me comunicó que ya lo había decidido, de modo que no lo fastidiara tratando de convencerlo de que no lo hiciera. Sé que han tenido sus problemas, y siempre han tratado de resolverlos. Es cierto que ella es exigente, pero buscaron consejería y parecía que habían hecho un trato para tratar de permanecer juntos. Ahora dice que todo ha terminado, y la razón que me dio es que ya no puede perdonarla más.

Sus palabras fueron como echar un balde de agua fría en la animada conversación y nos redujo a ambos a una sombría reflexión. Me di cuenta más que cualquier otra cosa, que él estaba experimentando un agudo dolor: dolor por la esposa de Tom, por Tom en su error, y por la confianza que había tenido en Tomás que nunca sería igual. Tom decidió que no podría perdonar, quizás sin darse cuenta de que él mismo había sido perdonado por Dios.

Perdonar es fundamental para parecernos a Cristo. El amor de Dios es lo suficientemente tenaz para continuar perdonándonos, para continuar amándonos, a pesar de las injusticias que le hacemos.

Daniel perdonó. Aun enfrentado a una cruel injusticia, perdonó a sus captores, los hombres que saquearon y sometieron al pillaje a su tierra natal. Sirvió precisamente a aquellos hombres a los cuales tenía «todo el derecho» de odiar. Al servirles, llegó a estar capacitado para dirigirlos. Fue difícil, pero fue más fuerte porque perdonó.

Difícil es cuando:

- uno descubre que la esposa está comprando regalos para otro hombre con la tarjeta de crédito de uno.
- la esposa está teniendo amores con otra mujer.
- uno descubre que el hijo es drogadicto.
- uno regresa de sus vacaciones y descubre que no tiene un centavo, está lleno de deudas y el socio ha desaparecido.
- el directorio de la iglesia lo despide a uno porque no

quiso celebrar la boda de la hija del presidente del directorio, que se estaba casando por tercera vez.

- su hijastro lo rechaza.
- para protegerse, la policía miente acerca de la infracción que uno cometió.
- la familia está hambrienta y uno no puede conseguir trabajo.
- el hombre que asesinó a su padre ha salido absuelto.

Conozco a hombres que han enfrentado estas circunstancias. En cada caso, se vieron forzados a decidir perdonar o no. Todos perdonaron.

El más grande regalo que Dios nos ha hecho es el perdón de nuestros pecados a través de Jesucristo. Jesús prometió enviarnos un Consolador, quien daría testimonio de Él.[1] El testimonio de Jesús es que Él vino al mundo para salvar a los pecadores, de los cuales usted y yo, como Pablo el apóstol, somos los primeros. Su testimonio es que cuando nosotros aun éramos pecadores, Cristo murió por nosotros. Él no nos condena sino que en cambio, nos salva. Él fue a la cruz por nuestras ofensas y resucitó para nuestra justificación.[2]

Jesús pudo haber venido a la tierra, predicado el evangelio y vivido una vida sin pecado. Pero sin ganar nuestro perdón en aquella «vieja y tosca cruz», el cielo nunca habría sido abierto para nosotros. El perdón abre; el no perdonar cierra. El mundo entero es culpable ante Dios y necesita el perdón de sus pecados. El regalo de Dios es Jesús y su perdón, que nos da el derecho de estar erguidos ante Dios.

Así como Cristo nos ha perdonado, nos exhorta enfáticamente a perdonar a otros. Tan fuerte es este principio que Jesús dijo que si *no* perdonamos a otros, Dios no nos perdonará.[3]

1   Juan 15.26.
2   1 Timoteo 1.15; Romanos 5.8; 4.25.
3   Mateo 18.35.

Cuando los hombres pasan por tiempos difíciles, la única forma en que pueden perdonar como Dios perdona es por el poder de su Santo Espíritu. Nosotros no tenemos esa capacidad en nosotros mismos. Tiene que ser mediante un poder sobrenatural del Espíritu Santo.

Perdonar es una expresión de verdadera santidad. Dios es santo. La esencia de la santidad es el amor; del amor, la gracia; de la gracia, la misericordia; y de la misericordia, el perdón.

Perdón piadoso

A través de los años, he estado en lugares donde los hombres pensaban que la santidad era posible encontrarla en accesorios externos, tales como falta de adornos, ausencia de refinamiento, legalismos, ciertas formas de vestir y mediante la construcción de barreras entre ellos mismos y aquellos que no se ajustaban a tales estándares. Tales personas no se vuelven resistentes a lo malo de este mundo, sino duros, legalistas e implacables. El suyo es un llamado a la sujeción, no a la sumisión.

El perdón es siempre por gracia. Nunca se gana. Si el perdón pudiera ganarse, podríamos ganarnos el perdón de nuestros pecados. ¿Pero cuándo puede uno dar lo suficiente para pagar a Dios por su Hijo? Su perdón es imposible de comprar. Algunos equivocadamente piensan que su piedad, su devoción y sus contribuciones les permitirán ganarse un lugar en el reino de Dios. Quizás puedan encontrar un lugar en el reino religioso del hombre, pero no en el de Dios.

Carl vivía en la costa este, y Jim en el oeste. Ambos estaban casados, y ambos cometieron adulterio. Ellos no se conocían entre sí, pero yo conocía a los dos. Ambos confesaron a sus esposas su infidelidad, se arrepintieron y pidieron perdón, pero los resultados en cada caso fueron diferentes.

Cuando Jim y su esposa discutieron el asunto, ella no dudó mucho en decir que lo perdonaba. Sin embargo, en ocasiones, cuando tenían alguna diferencia o alguna disputa, ella siempre le traía a él el recuerdo de su infidelidad. Aquello era para ella su «carta de triunfo» en el juego del matrimonio. Era un recurso que usaba para sacar ventaja incluso en los momentos de intimidad.

En cambio, en el caso de la esposa de Carl, se requirió de tiempo, esfuerzo, oración y mucha conversación para que ella lo perdonara. Pero una vez que lo perdonó, nunca más volvió a hablar del asunto. Cuando me contó lo que había pasado, cómo su matrimonio se había sanado, me dijo que su matrimonio ahora «era más fuerte que nunca».

Cuando Dios nos perdona, Él no vuelve a acordarse de nuestros pecados, aunque el diablo ciertamente lo hace.[4] Usted puede mantener atadas a otras personas —incluso a usted mismo— al recordar las ofensas pasadas.[5]

Si un hombre me pide prestados veinte pesos con la promesa de pagármelos la próxima vez que lo vea, ¿en qué será lo primero que piense la próxima vez que lo vea? En mis veinte pesos. Y si no me los paga, cada vez que lo vea la primera cosa en que pensaré será en el dinero que me debe. Esto siempre será un obstáculo entre nosotros. Para que el obstáculo sea quitado, debo perdonarlo o él debe pagarme la deuda. La restitución sigue al perdón, no antecede.

Y si yo voy a perdonarlo sin que me pague la deuda, debo hacerlo por gracia. Una vez que usted ha sido perdonado, perdona. Gratuitamente ha recibido perdón, perdone gratuitamente. Perdonar a otros es el mayor de los regalos. El perdón no exige que se haga algo ni que se pague antes que sea dado. Eso sería ganarlo y no recibirlo por gracia.

Los hombres que han pecado y han pedido perdón a Dios pero no se perdonan entre ellos están levantando una barrera entre

4   Salmo 79.8; Isaías 43.25.
5   Santiago 5.9.

ellos y Dios. Al no perdonar, aun cuando Dios lo ha hecho, se hacen más grandes que Dios. Es un terrible error que los hombres se castiguen entre sí continuamente cuando Dios les ha perdonado gratuitamente.

Perdón verdadero

Cuando se otorga el perdón, debe ser dado en el mismo espíritu en el cual ha sido pedido. Cuando alguien quiere librarse de una actitud equivocada, error de juicio o falta de sensibilidad y pide sinceramente que se le perdone, reaccionar ligeramente a su petición insulta su integridad.

Un hombre se acercó a mí durante el receso en uno de los encuentros de *Christian Men's Events* y me preguntó si podría verme después. Aunque tenía que tomar un avión, le prometí que nos reuniríamos, aunque fuera brevemente. Inmediatamente después de la reunión, se reunió conmigo detrás del escenario.

—Señor Cole —me dijo—, le vi hace un par de años, y realmente no me cayó bien. Me pareció arrogante, bombástico y desprovisto de amor. Sinceramente, todo lo que pensé de usted se puede resumir con una mala palabra que no se la voy a decir ahora. Alguien me convenció que le acompañara y viniera hoy a esta reunión, y de repente reconocí que había estado equivocado. Usted habló con dureza, pero es una dureza en amor, no una dureza de corazón. Quería verle para pedirle perdón por mi actitud hacia usted.

Ahora bien, la actitud de este hombre nunca me causó daño ni me afectó en manera alguna. He tenido que soportar críticas por largo tiempo de modo que pude haberle restado importancia al asunto diciéndole: «¡No se preocupe, hombre. Eso no es nada!» Pero tratarlo así habría sido ofenderlo, y decirle que no tenía necesidad de pedir perdón habría sido minimizar su sinceridad. Por eso lo miré directamente y le tendí la mano.

—Gracias, señor, por decirme eso —le dije—. Aprecio su sinceridad, y lo perdono. Ahora, oremos.

Se fue sin una conciencia que le molestara. Yo me fui sin una baja estima hacia él. El perdón fue dado en el mismo espíritu en el cual fue solicitado, y el episodio terminó.

Perdonar es siempre hacerlo en espíritu, no solamente en palabra. Decir que perdonamos (o hacer un esfuerzo por mostrarlo), pero no hacerlo sinceramente en nuestro espíritu no lo completa. El perdón de Dios es dado a nosotros no sólo en su Palabra, donde Él nos dice que nos ha perdonado, ni sólo en el Calvario, donde Él lo llevó a cabo, sino también al mandarnos su Espíritu a nuestro espíritu como testigo de que el acto de perdón ha sido completado.

Un famoso entrenador de fútbol salió de su oficina para la práctica antes del gran juego del año. Justo antes de salir, su esposa le preguntó algo acerca de los hijos, que estaban portándose mal. Él le respondió de mala manera e impacientemente le dijo que se hiciera cargo del asunto. ¿No se daba cuenta ella que faltaban pocos días para el «gran juego»? Camino al estadio, sin embargo, se dio cuenta que el juego era cosa de un solo día, en tanto que a sus hijos los tendría toda la vida. Se salió de la atestada super carretera y aun sabiendo que se le hacía tarde, llamó a su casa. Habló con cada uno de los hijos, y luego habló con su esposa.

—Mira, perdóname —le dijo. Y procedió a resolver el problema que había creado la tensión.

Su esposa no había tenido un momento de tranquilidad mientras él iba por la carretera. Su llamada fue absolutamente inesperada y la sorprendió. Ella había estado contendiendo tanto con los hijos, sus propias emociones y los problemas que él resolvió tan rápidamente por teléfono, que no tuvo tiempo de calmarse. Sin mucha convicción, le dijo:

—Te perdono.

Pero su perdón fue sólo de palabra, no de espíritu.

Esa noche, cuando su esposo regresó, la situación era totalmente diferente. Su esposa había tenido tiempo de pensar en qué bueno había sido que él la llamara. Había pensado amorosamente en él y lo había perdonado de corazón. El perdón había quedado consumado.

El perdón debe ser completo. El perdón de Dios es nuestro. Pero nosotros no lo recibiremos hasta que lo pidamos. Aunque Él nos ha perdonado, este se consumará solo cuando lo recibamos. Reconocer lo que Cristo ha hecho no es el final del perdón. Recibir su perdón significa paz y gozo sin igual.

Perdón extraordinario

El perdón puede venir de las más extraordinarias fuentes y provocar las más extraordinarias situaciones. Un hombre llamado Al a quien conocí en Phoenix me contó la increíble historia de cómo había cambiado su vida. Por su propia confesión, él era un «tipo duro» de las regiones que rodean Nueva Orleans. Beber, decir malas palabras y pelear eran parte de su estilo de vida. Ir a parar a la cárcel en una borrachera era rutinario en él.

Pero la esposa de Al quería una vida mejor para ella y sus dos hijas. Cada domingo, un bus recogía a las niñas y las llevaba a la iglesia. Dos dulces damas cristianas visitaban la casa periódicamente para hablar con la esposa y asegurarse que las niñas no faltaran a la Escuela Dominical. Él trataba de evitar esas visitas, pero cuando llegaban de improviso y lo encontraban en casa, maldecía, lanzaba toda clase de insultos como para ahuyentarlas.

Un día, su esposa empacó sus cosas, tomó a sus hijas y se fue de la casa. Al estaba libre, sin familia que le estorbara para seguir su estilo de vida.

Un sábado en la noche, después que su esposa se había ido, un amigo de Al y sus amiguitas estaban esperándolo en el primer piso para ir de parranda cuando sonó el timbre de la puerta de la calle. El amigo abrió y luego subió hasta donde estaba Al.

—Oye —le dijo—, dos mujeres medio raras están allá abajo.

Instantáneamente, Al supo de quiénes se trataba.

—¡Diles que se vayan! —le dijo furioso.

A los pocos minutos, el amigo volvió.

—No se quieren ir —le dijo—. Las muchachas y yo nos vamos de aquí. Esto se pone raro.

Furioso, Al corrió escaleras abajo y se encontró con las dos mujeres que suponía que eran, sentadas tranquilamente en su diván. De inmediato empezó a renegar contra ellas, amenazándolas que si otra vez ponían los pies en su casa, les rompería la cara. Les lanzó una barbaridad tras otra. Por dentro, sin embargo, estaba temblando, no de rabia, sino de miedo de aquellos dos serenos espíritus sentadas frente a él.

Cuando finalmente dio un respiro, una habló confiadamente.

—Sabemos como es usted —le dijo—. No nos va a asustar. Estamos aquí porque queremos que sepa que Dios le perdona, y nosotros también. Creemos que el Señor nos mandó aquí para que usted pueda ser salvo.

Esto hizo que Al iniciara otra sarta de insultos. Me dijo que nunca en su vida había estado tan asustado que cuando estaba insultando a estas dos señoras. De nuevo hizo una pausa, y entonces ellas aprovecharon la oportunidad.

—Sabemos que usted quiere que nos vayamos, pero mientras estábamos orando, el Señor nos dijo que viniéramos porque Él quiere salvarle.

Aquellas dos insignificantes señoras eran más fuertes en espíritu que Al. Sin dar importancia a lo que él les decía, ellas siguieron tranquilamente sentadas en el diván de la sala de estar, dispuestas a no rendir su territorio. Finalmente, Al se quedó sin palabras, se sentó en una silla y empezó a llorar. Hacia el final de la noche, había rendido su vida a su recién hallado Salvador.

—Vaya que sí me trataron duro —dijo Al—. Eran fuertes las damitas. Y me ganaron para Cristo.

Aquellas mujeres tenían en sus corazones el perdón de Dios para Al. Todo lo que Al tuvo que hacer fue recibirlo. No le sirvió de nada hasta que lo hizo. Una cosa es orar por una respuesta, y otra es *ser* la respuesta. Perdonar puede llegar a ser la respuesta de Dios a las oraciones de otros.

Perdonar como Dios perdona puede hacerse sólo por su Espíritu. Donde su Espíritu Santo manifiesta su perdón, viene luego la liberación.

En una de nuestras reuniones en Anaheim, California, un hombre se puso de pie para hacer una confesión.

—Esta noche he dado mi corazón a Cristo —dijo—, y me doy cuenta que necesito pedir a mi hijo que me perdone. Necesitamos la ayuda de Dios. No he sido un buen padre, y le he causado mucho daño. ¿Querrían orar por mí?

Desde la plataforma donde me encontraba, le pregunté dónde estaba su hijo. Él señaló a la fila de asientos donde estaba su hijo sentado. Le pedí al joven que se pusiera de pie.

—¿Crees en lo que tu padre acaba de decir? —le pregunté.

—Sí —respondió.

Inmediatamente su padre dirigió su mirada hacia donde él estaba y le preguntó:

—¿Me perdonas, hijo?

—Sí —fue la respuesta del muchacho.

Los demás hombres le abrieron paso para que se dirigiera hasta donde estaba su hijo. Mientras ellos se abrazaban, el resto de los hombres permaneció de pie, aplaudiendo, silbando y lanzando hurras.

Al mes siguiente, supe lo que había pasado después de la reconciliación. El padre y su hijo habían ido a casa esa noche y le habían contado a la madre y a la hija lo que había acontecido. Lo que tanto el hijo como la hija nunca habían sabido era que sus padres no estaban casados. No creían en el matrimonio cuando decidieron empezar a vivir juntos, y a través de los años habían seguido resistiendo la idea del matrimonio.

Después que la familia se regocijó junta en su nueva relación, se fueron cada uno a su cuarto. En la privacidad del dormitorio, el hombre le pidió a su compañera que lo perdonara por no haber querido casarse con ella, y le propuso hacerlo. Ella estuvo de acuerdo, y entonces volvieron adonde estaban sus hijos para contárselo. También pidieron a sus hijos que los perdonaran. La semana siguiente estuvo llena de excitante preparación para el día de la boda.

Al siguiente domingo en la noche, antes que finalizara el servicio, el pastor pidió a la congregación que se quedara sentada para algo muy especial. El padre y su hijo caminaron al frente del auditorio y se quedaron mirando hacia atrás a medida que el órgano empezaba a tocar la marcha nupcial. La madre y su hija entraron caminando. Los hijos permanecieron de pie junto a sus padres, y cuando el pastor preguntó:

—¿Quién entrega a esta pareja para contraer matrimonio?

—¡Nosotros! —dijeron ellos al unísono.

El perdón había traído tanto libertad como unidad.

Perdona y serás perdonado. ¡Es la formula de Dios!

Su más grande regalo hoy es el perdón, tanto para ser impartido como para ser recibido. En tiempos difíciles usted puede ser su propio mejor amigo o su peor enemigo. Al perdonar, usted se está haciendo un tremendo servicio; al no perdonar, usted se está causando un gran daño.

Perdonar es característica de un espíritu varonil. Usted puede abrir todo un nuevo mundo para alguien, incluyéndose usted mismo, al morir a sus sentimientos y dejar que el Espíritu de Dios trabaje en su vida. Inténtelo. No sólo le va a gustar: le va a encantar. E incluso en el perdonar es mejor dar que recibir.

◆

PENSAMIENTOS FINALES

- El perdón abre; el no perdonar cierra.
- Cuando Dios nos perdona, no vuelve a acordarse de nuestros pecados.
- Perdonar a otros es el mayor de los regalos.
- Perdonar es siempre hacerlo en espíritu, no solamente en palabra.
- Una cosa es orar por una respuesta, y otra es ser la respuesta.

REFLEXIONES

1. ¿Qué le enseñaron cuando era niño acerca de perdonar a otros?

2. ¿Qué elementos de Cristo están ahora en usted que le puedan ayudar a perdonar a otros?

3. ¿Hay alguien en su vida que sea la persona más difícil de perdonar? ¿Qué puede hacer usted esta semana para empezar a perdonar a esa persona?

OCHO

◆

FIRMEZA, VALOR Y GLORIA

Puede ser difícil vivir moralmente y más difícil aún enfrentar la inmoralidad, pero lo más difícil de todo es vivir con las consecuencias de la inmoralidad.

«VAMOS A SODOMIZAR a sus hijos, símbolo de su débil masculinidad, de sus pobres sueños y sus mentiras vulgares. Los vamos a seducir en sus escuelas, en sus dormitorios, en sus gimnasios, en sus cuartos de baño, en sus estadios, en sus seminarios, en sus grupos de jóvenes... La unidad familiar —siembra de mentiras, traiciones, mediocridad, hipocresía y violencia— será abolida... Todas las iglesias que nos condenan serán cerradas. Nuestros únicos dioses serán los jóvenes de buen parecer».[1]

Los dirigentes homosexuales ahora admiten públicamente el uso de *Mein Kampf* de Hitler como modelo para atrapar a la sociedad estadounidense. Maliciosos, altaneros y ofensivos, nos dejan sin ninguna duda acerca de la lucha que tenemos en

1   *Congressional Record,* 27 de julio de 1987, p. 3081.

nuestras manos por la preservación de nuestras libertades y familias.

Las fibras del mundo alrededor nuestro se están cayendo a pedazos. Hace algunos años recibí esta descorazonadora carta:

Apreciado Sr. Cole:

Su libro *Hombría al máximo* es un libro realmente extraordinario. Oro para que cuanto antes llegue a las manos de muchos hombres no cristianos. A mi vida llegó demasiado tarde. En octubre maté a mi esposa. Si hubiese tenido algo así cerca de mí, mi vida habría sido diferente. Hay tantos hombres y mujeres en desesperada necesidad de usted.

Dios le bendiga,

Joe

Lo horrible e irónico en la carta de Joe es que llegó años después de la primera publicación de *Hombría al máximo*. ¡Quién sabe la cantidad de cristianos cerca de Joe que nunca le hablaron de el libro ni de la Biblia: los que trabajaban con él, sus vecinos, sus compañeros de estudio que no le dieron la información que pudo haber salvado su matrimonio y, más específicamente, la vida de su esposa!

No estamos jugando a la vida. La estamos viviendo. Jugar con el diablo mientras el mundo se va al infierno es un horrible pecado de omisión. Es inmoral. Dios dice: «Y al que sabe hacer lo bueno y no lo hace, le es pecado».[2]

Baja moralidad conduce a alta mortalidad. Esto es verdad ahora como lo ha sido siempre, ya sea por cobardía inmoral, lujuria u odio. La práctica de la inmoralidad entre los hombres con bajos estándares morales está creando alta mortalidad por los abortos y las enfermedades. Se acepta como norma que la homosexualidad ha resultado en la plaga del SIDA.

2   Santiago 4.17.

128

Crímenes por miembros de pandillas faltos de moral y rabiosos, drogadictos, racistas llenos de odio y miembros de la mafia están forzando a los ciudadanos respetuosos de la ley a retornar a los días cuando las ciudades eran amuralladas y los castillos eran fortalezas inexpugnables. Los vecindarios amurallados son cosa común. Las ventanas enrejadas, las puertas con vallas y sistemas de seguridad son ahora cosa corriente a lo largo y ancho de los Estados Unidos.

Se requiere de valentía moral para vivir en un mundo inmoral. A mayor inmoralidad, mayor valor. Un hombre necesita valor:

- cuando se le dice que no hable de Jesús o perderá su trabajo.
- para decidir tomar un trabajo de tiempo parcial para estar con sus dos hijas después que su esposa se ha ido de la casa con otro hombre.
- para decirle a su esposa que le ha sido infiel y pedirle que lo perdone.
- para empezar otro negocio después que fracasó con el primero.
- para amar a los que no le aman a él.
- para seguir en la escuela después que sus compañeros se han retirado.
- para decir no cuando la mayoría de la clase dice sí.

Moralidad versus inmoralidad es el conflicto de las edades. Los filósofos han teorizado sobre la naturaleza de ambas; los humanitarios han hecho por ellas; los teólogos han propuesto doctrinas; los políticos han codificado proposiciones; los juristas han intentado interpretarlas; los académicos han tratado de definirlas; pero solo la Biblia dice la verdad acerca de ellas.

El hombre es una creación moral para vivir bajo un gobierno moral regido por una ley moral y para ser un agente moral de Dios sobre la tierra. Cuando el hombre pecó, tanto él como el mundo donde vivía se volvió inmoral. El sistema del mundo y el mundo mismo son ahora básicamente inmorales y deben convertirse para llegar a ser morales.

Moralidad personificada

La venida del Señor Jesucristo al mundo fue la personificación de la moralidad absoluta. Un abogado que presumía conocer de moralidad preguntó a Jesús cuál era el más grande mandamiento de la Ley. Estaba tratando de encontrar una falla personal, filosófica, moral o escritural en Jesús. La sabia respuesta de Cristo es fundamental para el eterno bien del hombre: «Amarás[...] a Dios con todo tu corazón[...] alma, y[...] mente. Este es el primero y grande mandamiento», le respondió Jesús. «Y el segundo[...] Amarás a tu prójimo como a ti mismo. De estos dos mandamientos depende toda la ley y los profetas».[3]

Todo lo que reveló Dios en el Antiguo Testamento, Jesús lo resumió en tres frases y dos mandamientos. Con esa afirmación, Jesús reveló que la ley ceremonial, la ley judicial y la ley moral dada bajo Moisés podía ser condensada en dos mandamientos. Juntos *llegaron a ser la ley moral del amor, la sustancia de toda verdadera moralidad*.

La moralidad dejó de ser algo duro, maniatante, legalista, sino un espíritu en el cual la gracia y la verdad dieron esclarecimiento y el Espíritu de Dios dio orientación. Los hombres nacidos en el Reino de Dios comprendieron que se trata de un gobierno moral con una ley moral; que la iglesia es la agencia de la moral de Dios en la tierra; y que el hombre tiene una constitución moral, es el agente moral de Dios en el mundo y Dios le ha dado autoridad para ejercer su voluntad en la tierra. La moralidad es impartida cuando la justicia es anotada a favor del hombre por fe.

Santiago, unos de los escritores del Nuevo Testamento, tuvo que enfrentarse a miembros de la iglesia que profesaban la fe cristiana pero continuaban con sus viejos y mundanos hábitos. Les habló con dureza cuando les dijo: «¡Oh almas adúlteras!

---

3   Mateo 22.37-40.

¿No sabéis que la amistad del mundo es enemistad contra Dios? Cualquiera, pues, que quiera ser amigo del mundo, se constituye enemigo de Dios».[4] Amar lo que es inmoral mientras se profesa ser agentes morales de Dios es adulterio espiritual.

No, no vivimos vidas perfectas. Pero en una verdadera relación con Dios en Cristo, hay una separación entre nosotros y el mundo con su corrupción. Cuando los cristianos hacen algo inmoral, si en realidad están viviendo por el Espíritu de Dios, se arrepienten. Se sienten apesadumbrados por haber causado dolor a Dios. Cuando están conscientes de haber actuado en contra de su voluntad, sienten el ferviente deseo de hacer lo que es correcto.

La contradicción de la moral moderna

Los medios de comunicación y los políticos de hoy están propagando una terrible contradicción. Es una defensa vociferante y viciosa presentada por un espíritu anticristiano. El enigma está en la sexualidad del hombre, o en la orientación o preferencia sexual, como les gusta decir.

La Biblia es clara cuando dice que la inmoralidad sexual no debe existir entre los cristianos.[5] Cuando un distinguido líder cristiano es sorprendido en adulterio o ha sido sexualmente imprudente, inmediatamente la prensa hace mofa de él, lo trata como un hipócrita y lo vitupera como «un ser caído». Al cristiano no se le toleran, perdonan, ni olvidan las faltas, aun cuando se arrepienta y haga restitución.

Por el otro lado, los homosexuales que dicen ser cristianos mientras continúan en sus prácticas inmorales no son vistos por los medios de comunicación ni por los legisladores como pecadores. En lugar de eso, se les protege y se les defiende.

---

4 Santiago 4.4.
5 Efesios 5.3.

Usando el mismo patrón de pensamiento que los homosexuales usan para defender su «justicia» ante Dios, sería completamente normal para los cristianos heterosexuales vivir en adulterio si son casados, o en fornicación si son solteros. Los medios de comunicación elogian los derechos civiles de algunos, pero sepultan los estándares morales.

Según el estándar homosexual, el matrimonio no tiene valor. Es una institución arcaica y no un pacto instituido por Dios para beneficio de la unidad familiar y de la comunidad. Descendiendo de tal posición en el frenesí del razonamiento de hoy, llegamos hasta donde estamos ahora: con homosexuales que son pedófilos (pervierten a los niños) y que tratan de conseguir que se aprueben leyes para legalizar la sodomización de los niños. En lugar de ser tratados como una infame y cobarde agenda, los medios de comunicación los promueven con pocos comentarios. La organización conocida con el nombre de «Amor Hombre-Niño» es regularmente objeto de reportajes sin mención alguna de su perversión.[6]

«¿Es justa la prensa?», Mike Royko hizo la pregunta en una columna que se publica en numerosos periódicos en los Estados Unidos. Se encontraba haciendo un reportaje sobre un columnista de Chicago que escribió una «carta abierta» a Mike Ditka, entrenador del equipo de fútbol Chicago Bears. En la columna, el hombre atacó a Ditka, refiriéndose a él con las palabras *patético, monstruo, egomaníaco, sicopático* y *lunático* ¿Qué había hecho Ditka? Había llamado a los reporteros con un nombre vulgar por las preguntas estúpidas que le habían hecho.

Royko siguió diciendo que otra historia había aparecido en el mismo periódico, menos de la mitad más breve, escondida por el centro, respecto a un ex reportero del periódico que había sido

6   La sigla es NAMBLA, que significa Asociación Norteamericana de Amor Hombre-Niño.

enjuiciado por ciento noventa y seis cargos de felonía. ¿Cuáles habían sido sus delitos? Se le acusó de usar su posición en el periódico «para persuadir a atletas de una escuela de la ciudad con hambre publicitaria a tener relaciones sexuales con él o con prostitutas. A él, según se afirma, le gustaba grabar en video a los jóvenes y a las prostitutas».

La queja de Royko: «Hubo tres breves párrafos sin comentarios. No se encontraron palabras tales como «monstruo», «patético», «sicosis», todas las cuales deberían llevar a una persona razonable a preguntar qué es más importante socialmente: La ira de un columnista deportivo por el lenguaje usado por un entrenador de fútbol, o la amenaza de SIDA a algunos niños atletas que fueron, según se afirma, explotados por un reportero deportivo pervertido».[7]

El complejo mesiánico de la prensa es obviamente defectuoso. Es evidente que prevalece un doble estándar. Porque moralidad no puede ser una cosa para unos y otra cosa para otros. Suprima la Biblia y la «edad media» que resultará hará que aquellos siglos parezcan juego de niños. Aun hay quienes han declarado públicamente, y la prensa lo ha informado, que creen que les daría gusto que volvieran a los días cuando se podía quemar a los cristianos atados a una estaca.

La correspondencia moral es la única comunicación que Dios conoce. Odia la hipocresía en aquellos que lo aman «con sus labios» pero sus corazones están lejos.[8] Los hombres necesitan ser morales en pensamiento, motivo, palabra y obra.

El pensamiento es el padre de la acción

Ningún hombre llega a ser inmoral en sus hechos sin primero haber sido inmoral en su pensamiento. No hay seducción sin

---

7   Mike Royko, Diferente trato a un entrenador y a un reportero de deportes, *Los Angeles Times*, 20 de noviembre de 1992.
8   Marcos 7.6; Amós 5.21.

coqueteo. Los hombres son seducidos a cometer adulterio con el mundo después de haber coqueteado con él. El pensamiento ilegítimo da a luz un acto inmoral.

El profeta Balaam amaba los coqueteos de la injusticia. Era un verdadero profeta de Dios. Su mensaje para Israel era la bendición de Dios para la nación. Pero el rey Balac continuamente lo estaba tentando con dinero y lo trataba de seducir para que profetizara calamidades sobre Israel. Tanto flirteó con la idea, que Balaam por fin sucumbió. «El ojo es la lámpara del cuerpo», dijo Cristo en su sabiduría.[9]

Balaam miraba con ganas la oferta de Balac. Como la mujer de Lot, quien siglos antes había mirado hacia atrás y se había convertido en un pilar de sal, Balaam miró por demasiado tiempo. Hay una diferencia entre lentitud y ansiedad. La una implica esperar; la otra, desear. La diferencia está en el afecto.

Finalmente, cuando Balaam ya estaba fuera de la unción de Dios para profetizar pero aun codiciaba el oro del rey, dijo a Balac que pusiera a sus mujeres a seducir a los israelitas, lo que provocaría el disgusto de Dios. La maldad que resultaría daría la ocasión a los hombres de Balac para derrotar al ejército israelita. La recompensa de Dios a la inmoralidad de Balaam fue una plaga en Israel y la muerte a espada de él mismo.[10]

Daniel mantuvo su moralidad bajo los más difíciles tiempos. No sabemos que haya mentido, codiciado, engañado, evadido su responsabilidad o traicionado su hombría en manera alguna. Es un ejemplo a todos los hombres justos en integridad y valentía, y en pensamiento, palabra y obra.

La constitución moral del hombre comprende el intelecto, que discierne entre lo recto y lo errado; la sensibilidad, que apela

9   Mateo 6.22.
10   Números 22-24,31.

tanto a lo recto como a lo equivocado; y la voluntad, que se decide por lo correcto o lo incorrecto. La conciencia del hombre le provee conocimiento de sí mismo en relación con el conocimiento de las leyes de lo recto y lo equivocado. Leer la Biblia no precisamente da conocimiento al intelecto, pero graba los mandamientos de Dios en las tablas del corazón. Programa los estándares de la conciencia, que da testimonio de la conducta.

Una conciencia corrompida provee poco freno a lo malo. Alguien que tiene una conciencia cauterizada (como «con una plancha caliente»[11]) no es muy sensitivo a las amarras morales. De todos modos, como ocurre con la voluntad, la conciencia no puede ser destruida.

Mi amigo Al tuvo que luchar por reprogramar su consciencia después de años de una temeraria búsqueda de autogratificación. Vale la pena luchar. Un amigo en idéntica situación aprendió de la Palabra de Dios que tenía que renovar su mente. Como un joven cristiano recién salido del uso de drogas, empezó devorando la Palabra y escuchando casetes de mensajes cristianos de donde vinieran. Como resultado de ello, hoy pastorea una creciente iglesia de cinco mil personas. La conciencia juzga de acuerdo a los estándares impresos en ella del conocimiento de Dios, el estándar social y la Palabra de Dios.

La ética de la moralidad

Jesús ordenó a la primitiva iglesia esperar por la promesa del Padre.[12] Oró al Padre que enviara a su Espíritu a habitar en ellos. Ellos serían capacitados para llevar adelante su ministerio por el mismo Espíritu que había habitado en Cristo y lo había levantado de entre los muertos. Les prometió que serían testigos

11   1 Timoteo 4.2.
12   Lucas 24.49.

suyos en Jerusalén, Judea, Samaria y hasta las últimas partes de la tierra.[13] Habría sido inmoral haber recibido los dones espirituales y luego utilizarlos solo para beneficio de los creyentes, escondiéndolos dentro de las cuatro paredes de aquella reunión.

Cuando Jesús fue tentado a transformar la piedra en pan, rehusó hacerlo. La tentación que rechazó fue la de usar para su ventaja personal lo que debía ser para el bien de otros. A eso se le conoce como «deseo de la carne», o la codicia para uno mismo de lo que es para el beneficio de otros.

Igualmente inmoral es predicar lo que no se practica. Algunos tratan de practicar lo que predican. Más exactamente, *debemos predicar lo que practicamos*. Oí a un predicador decir a su congregación: «Los pastores no procrean ovejas; las ovejas se procrean entre sí», refiriéndose al trabajo de traer gente a la iglesia. Es verdad, pero para él era un escape, una excusa para decirles que debían hacer algo que él mismo no estaba dispuesto a hacer.

Tommy Barnett es pastor de una grande y floreciente iglesia en Arizona. Cuando era joven, era un reconocido evangelista. Como pastor, estaba por sobre el promedio. Pero un día se dio cuenta que si él quería animar a su congregación a hablar a otros del amor de Cristo, tendría que dar personalmente el ejemplo. De modo que se disciplinó para hablar cada día a alguien de Jesucristo. Aquel fue el día en que llegó a ser un hombre extraordinario.

En su diaria búsqueda, el pastor Barnett encontró por todas partes gente necesitada, y él y su congregación empezaron a satisfacer esas necesidades. El resultado fue un explosivo crecimiento que hizo de su iglesia una de las más grandes e imitadas de la nación.

13   Hechos 1.8.

¿No es inmoral hacer para las misiones lo que no se quiere hacer donde vivimos? Recuerdo una batalla que gané y otra que perdí. Hace algunos años, la congregación que yo pastoreaba se expandió, y necesitamos construir un nuevo edificio educacional. El arquitecto dibujó los planos de acuerdo con el diseño tradicional de las escuelas dominicales. La filosofía que prevalecía en aquellos días era «Divide y multiplica». Yo no estuve de acuerdo.

Mi plan era construir una estructura de dos plantas sin salas pequeñas, sino una grande en cada piso. Usaríamos, entonces, paneles movibles los días domingo y usaríamos las salas para otros propósitos durante la semana. ¿Cómo podría saber yo que me estaba adelantando por años a mi tiempo? Les dije a todos que yo pensaba (y sigo pensando así) que era inmoral gastar todo ese dinero en un edificio que se usaría solo noventa minutos a la semana. Elegir la funcionalidad sobre la forma hace que el proyecto sea un éxito arquitectónico.

La batalla que perdí tuvo lugar en mi último pastorado. La ciudad ocupaba un terreno de gran valor en la ciudad. Recomendé que se vendiera esa propiedad y que se comprara un edificio de oficinas de cinco plantas en el centro de la ciudad. Instalaríamos la iglesia en el quinto piso, las oficinas en el cuarto, y alquilaríamos los otros tres. El producto del alquiler cubriría los pagos mensuales y nos dejaría las ofrendas exclusivamente para el ministerio local y en el extranjero. La congregación no pensaba así, sin embargo, por lo que nunca tuve la oportunidad de si mi plan funcionaba. Pero me parece una inmoralidad tener una propiedad que cuesta millones y usarla como casa de la congregación solo cuatro horas a la semana. Con tal filosofía, un negocio iría a la quiebra al primer mes.

Es inmoral:

- dedicar esfuerzo a algo que no es vital para evitar censura o crítica.

- guardar silencio cuando es necesario hablar.
- aceptar una doctrina cuando uno sabe que no es bíblica.
- bajar los estándares sólo para hacer que otros nos acepten.
- hacer trampa en nuestra declaración de impuesto.
- mentir a nuestro patrono para evitar responsabilidad por un costoso error.

Daniel y sus amigos fueron hombres de un tremendo valor. Tuvieron que optar por la desobediencia civil. Se expusieron a perder posición, poder, prestigio y todo lo demás, incluyendo sus vidas. ¿Qué tipo de valor tuvieron aquellos tres jóvenes, que ya sentían el calor del fuego, para decirle al rey que vivir o morir no era nada comparado con negar a su Dios? Para ellos, honrar a Dios era más importante que la vida misma.

«Quiero la compañía de hombres y mujeres piadosos en la tierra; ellos son la verdadera nobleza», dijo el salmista.[14] «Haré mis héroes de los piadosos de la tierra, y los invitaré a mi casa».[15]

Quizás sea difícil programar nuestra conciencia para estar conscientes de la moralidad y de la inmoralidad. Todavía es más difícil enfrentar la inmoralidad y mantenerse uno moral a pesar de las presiones. *Pero más difícil que todo es vivir con las absolutas consecuencias de la inmoralidad.*

Vivimos en tiempos difíciles, pero los hombres de fuerte moral todavía pueden prosperar. Mientras más oscura la noche, más brillante es la luz. Usted es un agente de la moral de Dios. Deje que su luz brille.

◆

14   Salmo 16.3.
15   Salmo 101.6.

PENSAMIENTOS FINALES

- Baja moralidad conduce a alta mortalidad.
- Se requiere de valentía moral para vivir en un mundo inmoral.
- Es inmoral recibir el Espíritu de Dios y usarlo sólo para beneficio de la iglesia.
- Puede ser difícil vivir moralmente y más difícil aún enfrentar la inmoralidad, pero lo más difícil de todo es vivir con las consecuencias de la inmoralidad.
- Mientras más oscura la noche, más brillante es la luz.

REFLEXIONES

1. ¿Cómo es que la baja *moralidad* conduce a una alta *mortalidad* en el mundo de hoy?

2. ¿Cuáles cree usted que fueron los estándares de Daniel en política? ¿En las finanzas personales? ¿En escuchar a otros? ¿En la selección de amigos? ¿En trabajar para su jefe? ¿Qué cosas habrán estado en sus pensamientos que no están en los suyos?

3. ¿Qué puede hacer usted para levantar sus estándares morales y aumentar su valor moral?

NUEVE

◆

ANALFABETISMO
ESCRITURAL

Conocer la Palabra de Dios es un escudo en contra del engaño, la tentación, la acusación e incluso contra la persecución.

UNA CALCOMANÍA PEGADA en el auto que iba delante de mí tenía este mensaje: «¿Analfabeto? Escriba pidiendo ayuda gratis». Gracioso o irónico, tiene de ambos un poco. El analfabetismo es una plaga en el desarrollo del ser humano; de igual manera, el analfabetismo escritural impide el desarrollo espiritual.

Una dama escribió a mi oficina solicitando ayuda relacionada con su matrimonio. Ella y su esposo asistían a la misma iglesia hasta que el esposo decidió no volver más. Le dijo que el ministro no le daba la clase de enseñanza que él anhelaba recibir. Ella, que se encontraba comprometida en muchas actividades, decidió quedarse donde estaba.

Fue adonde el pastor para ponerle en conocimiento de la situación, y él estuvo de acuerdo en que ella se quedara mientras su esposo buscaba otra iglesia. «Total», le dijo, «su esposo nunca fue en realidad parte de esta congregación, en cambio usted, sí».

Ella me escribió porque su esposo había leído alguno de mis libros, y creía que yo podría ayudarles, puesto que se estaban distanciando en su matrimonio.

«¿Qué puedo hacer?», preguntó. En la perplejidad y confusión de su carta, indirectamente reveló que no estaba muy familiarizada con la Biblia. No era de admirarse que no pudiera establecer la diferencia entre un «buen» consejo y un consejo piadoso.

Ella no está sola en su situación. Innumerables personas que nombran el nombre de Cristo están sufriendo del mismo mal. Intentan vivir una vida cristiana basada en lo que la gente dice, en los consejos que dan, en los artículos que leen, en los programas de radio que escuchan y en los programas de televisión que ven. Cuando vienen los tiempos difíciles, se dan cuenta que están tratando de construir una sólida base de fe de la misma manera que si se quisiera construir el Empire State Building en el mar.

Jesús nos dio la sabiduría de Dios en la parábola acerca de construir sobre una roca o sobre la arena.[1] Construir en la arena puede parecer seguro, solo hasta que llega la tormenta. Un edificio es sostenido por el fundamento sobre el cual se levanta la construcción, no sobre su superestructura. *Es imposible construir una vida piadosa sobre la arena del analfabetismo escritural*. No habrá nada que lo pueda aguantar cuando vienen los tiempos difíciles.

«Los consejeros determinan el destino de los reyes» es un principio ilustrado repetidamente en la Biblia y que aparece más de una vez en este libro.[2] Cuando un hombre necesita consejo, lo que necesita es un consejo piadoso, no solo un buen consejo.

1   Mateo 7.24-27.
2   Véanse 1 Reyes 14; 2 Samuel 16.23.

Uno es divino, el otro es humano. El buen consejo está basado en la sabiduría humana. El consejo piadoso está basado en la sabiduría de la Palabra de Dios. Hay tres grandes requisitos para entender un pasaje de la Biblia:

- Entenderlo a fondo; no solamente conocerlo.
- Entenderlo a la luz de toda la Biblia; no como un texto en sí mismo.
- Entenderlo con el propósito de obedecerlo; según el grado en que estamos dispuestos a obedecer, Dios nos da conocimiento.[3]

Conozca toda la Biblia y obedézcala. Esto demandará toda su capacidad mental.

Un hombre sin un organizado sistema de pensamiento siempre estará a merced del hombre que sí lo tiene..

Debemos amar a Dios con toda nuestra mente.[4] En tiempos difíciles, si no nos aplicamos diligentemente al estudio, no vamos a sobrevivir a todas las corrientes de doctrina que flotan en nuestro ambiente. Aquellos que pueden organizar sus presentaciones para torcer la realidad con malos propósitos son como lobos vestidos con piel de oveja y devorarán a todos aquellos que no hayan construido sus vidas alrededor de un estudio sistemático de la Palabra de Dios.

En las últimas elecciones efectuadas en los Estados Unidos, los políticos en forma grosera distorsionaron la Palabra de Dios y la aplicaron a su antojo, lo que fue apenas advertido y analizado por el populacho o la prensa. Solo aquellos que contienden por la verdad desaprobaron aquella perversión de la Palabra de Dios.

3   Véase Juan 14.21-23.
4   Lucas 10.27.

Querer parecer religiosos para obtener votos no tiene importancia para los analfabetos, pero sí para los escrituralmente entendidos. El único enemigo del político es el que está espiritualmente sintonizado, no obstante la inmoralidad de citar mal las Escrituras con fines de beneficio personal.

El columnista Cal Thomas escribió sobre esta tendencia: «¿Por qué esto debe importar a todos, no solo a los teólogos y a los devotos? Porque una teología defectuosa o falsa puede influir la dirección política de una persona y de una nación. "Así como un hombre piensa en su corazón, así es él" (Pr 23.7). Si un candidato o el presidente o el vicepresidente afirman creer y viven según la Escritura, pero mal interpretan, mal entienden, o mal aplican las instrucciones bíblicas, puede sobrevenir el desastre. La Biblia está llena de tales ejemplos en los cuales los líderes hicieron precisamente eso... "Por cuanto hemos hecho de la mentira nuestro refugio y nos hemos escondido en la falsedad" (Isaías 28.15)».[5]

La búsqueda de la verdad

El estudio de la Palabra de Dios es como buscar minerales preciosos. Demanda esfuerzo. Proverbios afirma que usted descubrirá la verdad cuando la busque como un tesoro escondido.[6] En contraste con eso, se requiere poco esfuerzo para lograr un buen consejo, para escuchar un sermón o mirar televisión.

Daniel fue un joven erudito y un hombre sabio. *Estudioso* no es un adjetivo para los sedentarios sino una característica de verdadera hombría. Recientemente, un mundialmente famoso

5   Cal Thomas, «Beware When Democrats Get Religion» [Cuidado con los demócratas cuando se hacen religiosos], *The Orlando Sentinel*, 27 de julio de 1992.

6   Proverbios 2.4.

campeón de golf ingresó a una clínica de rehabilitación para tratamiento de su alcoholismo. Cuando volvió a jugar, dijo que había leído un libro acerca de la batalla con las drogas del jugador de fútbol Hollywood Henderson y cómo había logrado vencer. Confesó que era el primer libro que había leído desde que era alumno de la secundaria. Su interés por la literatura se convirtió en un importante paso hacia la recuperación.

Cuánto más necesario es para quienes desean vencer al mundo, la carne y al diablo interesarse por leer la Biblia. La Biblia no es simplemente una fuente interesante para participar en juegos de adivinanza. La Biblia es el fundamento sobre el cual descansan tanto la vida natural como la vida eterna. El conocimiento de la Palabra de Dios es un baluarte en contra del engaño, la tentación, la acusación e incluso contra la persecución.

Dan es un pastor amigo de Oregon quien pasó tiempos difíciles en los primeros años de su ministerio. Después de su experiencia de salvación que ocurrió cuando era un adolescente, pasó años estudiando en forma constante la Palabra y anhelando el día cuando podría entrar en el ministerio. Cuando su compañía sufrió un revés financiero y su puesto fue eliminado, sintió que había llegado el momento de cumplir sus deseos. Con tres niños y una esposa que no trabajaba fuera de casa, su familia sintió inmediatamente el pinchazo en la economía.

La transición de un trabajo secular al ministerio es difícil. La transición de Dan, desde un cheque seguro a hacer algo donde se dependía enteramente de la provisión de Dios, en un trabajo que apenas estaba aprendiendo, fue difícil para toda la familia. Predicando cada vez que conseguía una invitación, viajando frecuentemente fuera de casa, ávidamente se ocupó tanto de su familia como de su ministerio. Su esposa y sus hijos permanecieron siempre muy cerca de él hasta que los tiempos de dificultades pasaron y se transformaron en una gran experiencia de aprendizaje que le ha servido mucho. Como sus hijos ya están crecidos y a punto de irse de la casa, y tiene una iglesia en constante desarrollo, la última vez que estuvimos juntos se permitió alguna reflexión personal conmigo. Su historia me conmovió.

Por unos nueve meses durante su período de desempleo, recién comenzando su ministerio, un amigo lo invitó a almorzar. Emocionado de encontrarse con alguien con quien hacía tiempo que no se había visto, Dan golpeó fuertemente la espalda de su amigo antes de sentarse y disfrutar un opíparo almuerzo. Cuando hubieron finalizado, y mientras se servían el café, el amigo adoptó una actitud seria.

—Dan —le dijo—, quiero hablarte de amigo a amigo.

Dan se dispuso a escuchar, sabiendo que solo algo muy serio requeriría tanta gravedad de parte de su amigo. Pensó en algo así como un consejo, o una ofrenda de amor para ayudarle a pasar aquellos tiempos duros.

—Dan, realmente he orado mucho por esto, y como tu amigo quiero decirte que creo que estás equivocado en lo que estás haciendo.

Al ver que Dan no se inmutaba, su amigo fue un poco más allá.

—Mi esposa cree que tus hijos no están recibiendo una alimentación adecuada. Sé que tu hijo fue solo a una reunión de padres e hijos en la escuela porque no estabas. Y otra vez que no estabas se dañó el automóvil de tu esposa, y la pobre estuvo allí sola tratando de hacerlo andar. Me parece que no es correcto, Dan.

Al principio, Dan aceptó lo que su amigo le dijo. Él era un anciano en la iglesia madre de Dan, un hermano con quien había compartido gratos momentos de adoración y compañerismo. Pero a medida que hablaba, el sentido de culpa que se había apoderado de Dan dio lugar a la indignación. Lo dejó que continuara sin interrumpirle, dándose tiempo para manejar sus emociones. El versículo «Fui forastero, y no me recogisteis; desnudo, y no me cubristeis» empezó a correr por su mente.[7]

Cuando finalmente pudo hablar, trató de ser prudente y cuidadoso, pero sus palabras salieron como un chorro.

—¿Me estás diciendo que viste a mis hijos con hambre, y no les diste de comer?

El hombre puso sobre la mesa su taza de café y su mirada benevolente se cambió a mirada de sorpresa.

—Sabías que mi hijo no tenía a su padre para que lo acompañara a la escuela, ¿y no te ofreciste para acompañarlo en mi lugar? Sabías del desperfecto del auto de mi esposa, ¿y la dejaste sola para que luchara con los problemas mecánicos y los inconvenientes que eso le produjo? ¿Y tú has venido hoy a mí como un amigo? Yo aprecio tu amistad, pero lo que me estás diciendo ahora no son palabras de un amigo. No te rechazo a ti, pero rechazo lo que estás diciendo.

Dan siguió en su ministerio y Dios proveyó para su familia y le dio grande sabiduría mientras seguía adelante.

Su historia simplemente ilustra que una de las características que nosotros debemos tener al enfrentar tiempos difíciles es la fe en nuestros hermanos. *Pero debemos ser escrituralmente cultos para saber quién es nuestro hermano*. El buen consejo no es un consejo piadoso. No todo el que dice «Señor, Señor» entrará en el Reino de Dios como uno de nuestros hermanos en Cristo.[8] Debemos ser cuidadosos acerca del consejo que aceptamos.

Cuando Daniel fue lanzado al foso de los leones, fue el rey y no Daniel quien sufrió durante toda la noche. El cuidado de Dios por Daniel no impidió que fuera lanzado al foso de los leones,

---

7   Mateo 25.43.
8   Mateo 7.21.

pero consistió en el aun mayor milagro de cerrar la boca de los leones. La custodia protectora de Dios fue posible gracias a la obediencia de Daniel a su Palabra.

Los leones de nuestras vidas

Hay otra lección de la historia de Daniel. Los leones son feroces; son «los reyes de la selva». Cuando rugen causan tanto miedo que sus víctimas se congelan de miedo, dándoles la oportunidad de lanzar sus voraces ataques.

Simbólicamente, los leones en nuestras vidas son los celos, la ira, la malicia, la venganza, la codicia, el maltrato a otros, el rencor, las drogas y otra variedad de enemigos del bien vivir. El foso de los leones es ese pozo de persecución o mazmorra de depresión en la cual estamos a merced de pensamientos, emociones y hábitos que nos quieren devorar.

Glen descubrió por accidente la promiscuidad de su esposa. Aunque ella generalmente era la encargada de llevar las cuentas de la casa, un día, en su ausencia, decidió hacer los cheques para pagar las cuentas. Notó algo extraño en el estado de cuenta de su tarjeta de crédito, de modo que llamó para preguntar acerca de algunos cargos que aparecían y dónde habían sido hechos. El golpe que recibió al saber que su esposa había estado comprando regalos para otro hombre lo dejó paralizado. Los leones de la ira, los celos, el odio, la venganza y aun el homicidio rugieron en su mente y corazón.

Después de recuperar su equilibrio emocional y mental, Glen cayó rostro al piso y clamó a Dios por sanidad de las profundas heridas que le habían provocado la traición de su esposa. Mientras permanecía allí, botado y agobiado por el tremendo peso de la agonía, algo extraordinario ocurrió. Ese peso inmenso desapareció, casi como si hubiese sido un peso físico. Paz inundó su corazón, pensamientos racionales su mente, y estabilidad sus emociones.

Cuando después de orar y ayunar enfrentó a su esposa, ella admitió su culpa. En respuesta, Glen le dijo: «Te amo. Tú eres el don de Dios para mí».

Estaban lejos de la comunicación necesaria para resucitar el matrimonio, pero Glen ya había resistido la más tremenda prueba. La boca de los leones rugiendo contra él en el foso de su mente callaron. En un sentido figurado, aquello fue tan real para él como lo fue para Daniel.

Cuando más tarde Glen me contó la historia, atribuyó a Dios el cambio en su vida. «Cuando me discipliné a la Biblia, mi vida cambió, y lo que aprendí evitó que fuera destruido. Desde que decidí ser un hombre de Dios, esta es la primera señal que he tenido de que en verdad he llegado a ser una nueva persona. Antes, lo menos que habría hecho habría sido decirle a ella que desapareciera de mi vida, habría tratado de encontrar al hombre, y quién sabe qué más. Gracias a Dios por su gracia».

La Biblia produjo en él el espíritu de Daniel. Para él fue una osadía y una audacia perdonar a su esposa, de la misma manera que ocurrió con los actos heroicos de los hombres del pasado. Glen es uno de aquellos hombres acerca de los cuales Daniel profetizó diciendo que «harán hazañas» porque «conocen a su Dios».[9]

Dios tiene una estrategia para vencer cada obstáculo. Lo encontramos en su Palabra. Cuando Naamán, el capitán del ejército sirio fue a Eliseo para que lo sanara de su lepra, se encolerizó cuando se le dijo que fuera al río Jordán y se bañara allí. Incluso se sintió ofendido cuando el profeta se comunicó con él a través de su siervo y no personalmente. De lo que no se dio cuenta es que sin fe es imposible agradar a Dios.[10] La

9   Daniel 11.32.
10   Véanse 2 Reyes 5 y Hebreos 11.6.

obediencia a la Palabra de Dios a través del profeta fue un acto de fe, y sumergirse en el río Jordán fue un acto de humildad. *La humildad precede a las bendiciones*. Dios no se impresiona por aquellos que creen que son demasiado importantes.[11]

Para Naamán, insistir o desistir de que las cosas se hicieran a su manera hacía la diferencia entre seguir con lepra o verse librado de ella. Humildemente, con fe y obediencia, dio los pasos necesarios para ser limpiado de su enfermedad «incurable». En la victoria sobre la lepra se manifestó la gloria de Dios, pero en la estrategia seguida se manifestó la sabiduría de Dios.

La sabiduría engendra estrategia

Las estrategias de Dios son el producto de su sabiduría. La estrategia de Satanás es dividir porque una casa dividida no puede permanecer.[12] La estrategia de Dios es crear unidad. «Dos son mejor que uno... si uno prevalece contra él, dos se le opondrán; y una cuerda triple no se rompe fácilmente».[13] Hay fuerza en la unidad.

La sabiduría produce estrategia. La sabiduría es lo principal, pero los necios la desprecian. Ella da una larga y buena vida, riquezas, honor, placer y paz. Las características de la sabiduría proceden del carácter de Dios. La sabiduría aborrece el orgullo, la arrogancia, la corrupción y el engaño. El principio de la sabiduría es el temor del Señor; y el temor del Señor es odiar lo malo. Rechazar el temor del Señor es rechazar el conocimiento. El principio de la sabiduría es apartarse del mal.[14] Satanás no tiene temor del Señor y aunque tiene conocimiento, no tiene

11   Hechos 10.34.
12   Marcos 3.24-26.
13   Eclesiastés 4.9,12.
14   Proverbios 4.7; 1.7; 3.16-17; 8.13; 9.10.

sabiduría, por lo que no sabe cuándo detenerse. Quien tiene la sabiduría de Dios tiene poder sobre Satanás.

Dios da sabiduría a aquellos que la necesitan. Cuando usted necesite un milagro, ore por sabiduría que le proporcione una estrategia. En tiempos difíciles usted necesita una estrategia:

- para salir de deudas.
- para recuperar el amor de su esposa.
- para tener éxito en su trabajo.
- para criar a sus hijos en los caminos de Dios.
- para unir iglesias.
- para levantar fondos para el crecimiento de la iglesia.
- para ahorrar tiempo, no desperdiciarlo.

Explotar la Palabra de Dios es como descubrir la fuente de toda sabiduría. Jesucristo es hecho a nosotros sabiduría, justicia, santificación y redención. Todos los tesoros de la sabiduría están escondidos en Él.[15]

Audacia: la estrategia de un vencedor

Vivimos en tiempos difíciles, en lo que hemos llamado una «década de desafío». Este es un tiempo que pertenece a los valientes, no a los pusilánimes. Está en desarrollo una confrontación global, y nosotros tenemos que tener una perspectiva mundial. El planeta Tierra ha llegado a ser un vecindario para sus habitantes. El mundo necesita hombres con piadosa sabiduría para penetrar las artes, los medios de comunicación, los negocios, los sistemas de jurisprudencia y el gobierno.

Una de las razones por las que carecemos de líderes con el espíritu de un Daniel la encontramos en la parábola de la zarza,

---

15   Colosenses 2.3.

dada por el hijo de Gedeón.[16] Al morir Gedeón, un hijo malo trató de matar a todos sus otros hermanos para tomar el lugar de su padre. El único hijo de Gedeón que sobrevivió a la persecución demandó al nuevo rey por su falta de mérito y por ser el peor de entre ellos. Usando los árboles como una metáfora, dijo que los árboles llamaron al olivo para que reinara sobre ellos. El olivo rehusó porque no quería dejar su «vida fácil». Disfrutando su riqueza, comodidad y éxito, el árbol de olivo no quiso asumir el trabajo, las agotadoras demandas y los rigores que tal liderazgo requiere.

Los demás árboles fueron entonces a la higuera. Pero esta no quería dejar su «dulce vida». Prefirió evitar la confrontación, escapar de la verdad y sumergirse en los placeres. Quería una vida «sin exigencias», y por eso rehusó el llamado al liderazgo.

Luego, le pidieron a la vid, pero la vid tenía una «vida llena». La vida era un gran juego que había que jugar. Por no correr riesgos, motivada por temor a fallar, evitando la realidad y sabiendo que cuando sus uvas estuvieran fermentadas causarían inconsistencia en asuntos de responsabilidad, también declinó el llamado al liderazgo.

Finalmente, los árboles llamaron a la zarza, la cual estaba llevando una «vida vacía». La zarza era vanidosa, sin raíces profundas y dispuesta a crecer y lanzarse a cualquier parte. No tenía sentido de dirección. Su vida no producía frutos. No tenía sentido de vergüenza debido a su aridez. En la naturaleza de lo moral y de lo inmoral, era amoral, sin cualidad moral. Cuando la llamaron a asumir el liderazgo, aceptó ansiosamente. Una vez en el poder, fue soberbia, arrogante y exigió de los demás, pero no de sí misma.

---

16 «La parábola de la zarza» se la oí a Larry Titus, cuyo bosquejo usé con permiso. Gracias, Larry.

Cuando los mejores árboles rechazaron su liderazgo, los peores lo aceptaron. Para el olivo, la higuera y la vid quejarse de la clase de liderazgo habría sido tonto. El rechazo al llamado que se les hizo para ser líderes los subordinaba ahora a un liderazgo inadecuado, inferior e insuficiente; la cultura a lo inculto.

Apliquemos esto a nuestro día, cuando hombres hábiles, calificados, de carácter y moralidad rechazan buscar o aceptar roles de liderazgo. Después nos quejamos cuando hombres de baja calidad detentan posiciones de poder. Al abandonar la responsabilidad moral en la comunidad, los hombres preparan el camino para que surjan elementos criminales. Abandonar la responsabilidad es la forma infalible en que los hombres buenos capitulan ante la comisión de crímenes. La debilidad asciende cuando la fuerza abdica.

El liderazgo, al nivel que sea, es una vida solitaria. El martirologio nunca ha sido una profesión que se elige. Pero es mejor tener algo por lo que valga la pena morir que no tener algo digno por qué vivir. Los hombres deben ser cultos escrituralmente para ser fuertes moralmente ante un liderazgo inmoral.

◆

PENSAMIENTOS FINALES

- Los consejeros determinan el destino de los reyes.
- Un hombre sin un organizado sistema de pensamiento siempre estará a merced del hombre que sí lo tiene.
- Conocer la Palabra de Dios es un escudo en contra del engaño, la tentación, la acusación e incluso contra la persecución.
- La debilidad asciende cuando la fuerza abdica.
- La sabiduría produce una estrategia que lleva a la victoria y resulta en gloria.

REFLEXIONES

1. ¿Conoce usted a alguien que pueda ser considerado «la Biblia andante» por conocerla tan bien?

2. ¿Qué líderes en el gobierno mantienen principios bíblicos? ¿Hay algunos líderes que sean ignorantes respecto de tales principios? ¿Hay algunos que deliberadamente los violan?

3. ¿De qué manera el conocimiento de la Biblia evita que los hombres sigan la corriente y los ayuda a influir en sus comunidades? ¿Cómo podría ayudarle a usted?

DIEZ

◆

EL PODER DE UNA PALABRA DE SIETE LETRAS

*La ausencia de oración habla
de su capacidad;
la presencia de la oración habla
de la capacidad de Dios.*

HAY UN VIEJO adagio que dice: «Los doctores sepultan sus errores; los predicadores viven con ellos». Algunos de mis desaciertos han vivido conmigo a través de años, indeleblemente impresos en mi mente.

Una vez, por ejemplo, me estaba dirigiendo a un grupo de damas cuando hice la siguiente afirmación: «El sexo y la oración se parecen en que todos hablan de ello y muy pocos lo practican». La tensión que creó aquellas palabras me hizo sentirme como los jóvenes hebreos en el horno de fuego. Estoy agradecido a Dios que estuvo conmigo en aquella ocasión, como había estado con ellos en la suya. (Sigo pensando que la afirmación es válida respecto de la oración, pero he aprendido a cuidar más la forma en que me dirijo a mi audiencia.)

Hace poco escuché a un hombre describir los «abusos en la oración» y de nuevo pensé en la analogía con el sexo. El abuso sexual generalmente es causado por la lujuria, y así ocurre con los abusos en la oración. «Pedís mal, para gastar en vuestros deleites», dice Santiago.[1] La oración, el dinero y el sexo fueron hechos para amar y para dar, no para codiciar y acumular.

La vida difícil de Daniel estuvo marcada por la oración. Sabía cómo y qué orar: una señal de sabiduría. En la oración y en la meditación aprendió los secretos de Dios. «La amistad con Dios está reservada a aquellos que lo reverencian. Sólo con ellos Dios comparte los secretos de sus promesas».[2] Un hombre no se enamora de una multitud, sino sólo de una persona, la que ama. Daniel amaba a Dios. Su más sublime disfrute era su relación con el Padre. Pasar tiempo con Dios era para él lo más importante en cuanto a la administración del tiempo en su vida. «La reverencia a Dios añade horas al día».[3]

Como estudiante y más tarde como gobernante, cada etapa con demandas específicas, Daniel tuvo que administrar bien su tiempo. Lo maravilloso de la oración, cuando es puesta en primer lugar en la vida, es que hace que otras cosas sean mucho más fáciles.

Saber cuándo estudiar, orar, trabajar, asistir a reuniones, descansar y disfrutar de la recreación es algo que se debe aprender. El secreto del éxito en la vida es propósito, planificación, preparación y producción. El no hacer planes no sólo produce tensión en la persona directamente afectada, sino también en otros. He visto a hombres arruinar sus matrimonios, negocios y ministerios por la tensión que les ha producido la indecisión y el dejarlo todo para después. La vida resulta demasiado difícil cuando es afectada por la ansiedad y la tensión excesiva, producto de malos hábitos de trabajo y de preocupación por la familia. Demasiado a menudo, son señales de un alto grado de egoísmo.

Cuando la oración no recibe la prioridad, las cosas parecen ser más difíciles y consumen mucho más tiempo. La meditación

1   Santiago 4.3.
2   Salmo 25.14.
3   Proverbios 10.27.

es el molde de la creatividad. La reflexión tranquila a la luz de la Palabra de Dios rejuvenece el flujo de ideas, da nueva perspectiva a las cosas y mejor comprensión a la gente, a la vez que reduce los problemas monstruosos a situaciones minúsculas, fácilmente controlables.

En materia de tiempo, la calidad es más que la cantidad. Los hombres que creen que tienen mucho tiempo no valorizan la calidad y lo desperdician o tratan de «matar el tiempo». Eso es abusar del tiempo.

Se necesita un modelo de oración para diseñar una vida con sentido. El Nuevo Testamento registra cinco oraciones básicas.

La oración del pecador

En la parábola de Jesús sobre el fariseo y el publicano, quienes a través de la oración revelaron sus naturalezas, el publicano fue justificado, no así el fariseo. El religioso fue elocuente, experimentado y brillante, pero su oración nunca alcanzó más allá de su audiencia humana. El publicano fue humilde, penitente y creyente, y su oración alcanzó los altos cielos. «Sé propicio a mí, pecador», rogó.[4] Y le fue concedido el perdón.

La oración del fariseo constituyó un alto grado de exceso en cuanto a la oración, centrada en él mismo y en su propia autojusticia. La oración del publicano estuvo centrada en Dios y en su gracia, una verdadera oración de un pecador, y estuvo marcada por una piadosa tristeza que produjo arrepentimiento y condujo a la fe.

La oración de los discípulos

Conocida generalmente como la Oración del Señor porque Él la dio como un modelo de oración, es realmente la oración de los discípulos porque Él la dio a ellos cuando le dijeron: «Ensé-

4   Lucas 18.13.

ñanos a orar».[5] Es un modelo de oración que abarca la totalidad de la vida del hombre y la voluntad de Dios en la tierra.

La oración del Señor

La súplica de Jesús en el Huerto de Getsemaní fue una oración tan intensa que hizo que sudor como gruesas gotas de sangre corrieran de su frente. Es una oración de sumisión, una total entrega de su vida a la voluntad de Dios el Padre. «Que no se haga mi voluntad, sino la tuya».[6]

El Hijo de Dios, que nunca pecó, estaba enfrentando el más detestable momento de su vida, al hacerse pecado por nosotros. Al probar nuestra muerte. Separación del Padre. Probado hasta las profundidades en cuanto a consagración y fe. Su más grande acto de fe no estuvo en los milagros que Él hizo, sino en la confianza en que el Padre lo resucitaría de la muerte, no porque haya dudado del Padre, sino porque nunca había experimentado la muerte.

Su oración frente a la crucifixión es un modelo para nosotros cuando estamos forzados a enfrentar situaciones con apariencia de muerte como es el divorcio, la bancarrota y el enjuiciamiento criminal. *La sumisión a la voluntad de Dios no es garantía de que no habrá muerte, pero sí de que después de la muerte habrá resurrección.*

La oración intercesora

La oración sumosacerdotal de Jesús fue la bendición para su vida aquí en la tierra y su intercesión por usted y por mí.[7] Abnegación, preocupación por el beneficio de la persona amada y deseo de unidad son las evidencias del amor de Dios (véase

5   Lucas 11 1.
6   Lucas 22.42.
7   Juan 17.1-26.

Juan 17.23). Estas fueron las características reveladas en su intercesión. Son las marcas de un intercesor. Son también las evidencias del amor de un hombre por su familia.

La intercesión es la mejor manera de ser sensitivo hacia las necesidades de los demás. El Espíritu de Dios sabe más de las personas que lo que nosotros pudiéramos descubrir en toda nuestra vida. Motivado por el amor, lleno de compasión, ejercitando la fe, los intercesores con la mente de Cristo tienen la perspectiva de Dios de lo que será, no de lo que es. Ven las cosas que serán en lugar de las que son. Para el intercesor, la oración es el vientre en el cual el Espíritu concibe lo que más tarde habrá de nacer al mundo.

La oración del demonio

Cuando Jesús entró en una de las sinagogas, un hombre con un espíritu (demonio) inmundo le gritó: «Déjanos solos; ¿que tenemos que ver contigo, Jesús de Nazaret?»[8] El espíritu del demonio no quería ser atormentado por la presencia de Dios.

«Jesús, déjame tranquilo» es la oración del demonio que toma diversas formas tanto en palabra como en hechos. Los detractores y perseguidores de Daniel eran atormentados por su rectitud. Sus convicciones, firmes e inamovibles, eran una represión a sus preferencias, que eran débiles y discutibles. Su oración era que Daniel, en quien habitaba el Espíritu de Dios, los dejara tranquilos. Se reveló en su enfermizo deseo de quitarlo y destruirlo.

La prueba de la oración

Por años, ha habido maravillosos ministerios a los atletas de los Estados Unidos. Algunos de los más destacados deportistas son genuinos amantes de Dios. Sin avergonzarse de Jesús, son

---

8   Marcos 1.24.

valientes en su identificación pública con Él. Los medios de comunicación, y especialmente las cadenas de televisión, quieren que estos hombres los dejen tranquilos. Cuando los integrantes de equipos contrincantes se arrodillan para orar en el centro del campo de juego después que el encuentro ha terminado, muchos directores de televisión intentan mostrar lo menos posible de esa acción valiente y fraternal.

Una de mis historias favoritas se origina después de una particularmente humillante derrota del equipo de fútbol de los *Philadelphia Eagles*. Reggie White, uno de los mejores defensas que haya tenido jamás el fútbol estadounidense, caminó hacia los vestidores, se sentó e inclinó la cabeza. Antes que pudiera ordenar sus pensamientos, un micrófono y una cámara estaban frente de él.

—¿Qué piensa de la derrota? —le preguntó un reportero de noticias.

—Jesús sigue siendo el Señor —replicó Reggie.

El micrófono dio una sacudida, las grabadoras se detuvieron, los lentes de las cámaras retrocedieron, y por primera vez, Reggie se volvió a ver quiénes estaban detrás de aquel equipo.

—Es así como actúa el diablo —les dijo mientras ellos se alejaban—. Uno menciona el nombre de Jesús, y sale huyendo.

Desafiado, el equipo de prensa volvió para terminar la entrevista.

La fuerza en la oración da fortaleza moral al carácter.

A través de los años, a veces he tenido el privilegio de observar de cerca la vida de grandes hombres en acción. Sin duda, la habilidad de orar es lo más revelante en sus vidas. Me encanta oír a los hombres orar como si estuvieran hablando a Dios, no sólo que los oigan los que están a su lado. Ellos saben cómo «mover el brazo de Dios» con la oración.

A veces, en servicios públicos de adoración a los cuales he asistido, las oraciones de los hombres han sido una vergüenza para la masculinidad cristiana. Sus oraciones parecen padecer de anemia espiritual.

Cuando comenzó este ministerio a los hombres, quedé pasmado al descubrir la irregularidad de la oración de los hombres con sus esposas. Era evidente que desconocían el principio escritural de que la *oración produce intimidad.* Usted se siente cercano a quien le ora, a la persona *por* la cual ora, y a la persona *con* quien ora.

«Si dos de vosotros se pusieren de acuerdo en la tierra acerca de cualquiera cosa que pidieren» es la promesa de Dios.[9] Orar juntos da la fuerza de la intimidad a cualquiera relación. Esta ligadura ayuda a mantener el matrimonio unido en tiempos difíciles.

La oración en privado da valentía para hablar en público. La valentía es el elemento perdido en la mayoría de los hombres cristianos. Valentía fue la cualidad de vida de los apóstoles, que hizo a la gente decir de ellos que eran quienes «trastornaban el mundo entero».[10]

La valentía de Daniel quedó demostrada en más de una forma. Fue valiente en fe, en identificarse públicamente con Jehová, en la oración, en su amistad y en enfrentarse a los leones. Fue valiente, no impetuoso. La gente admira la valentía y desprecia la impetuosidad. «Huye el impío sin que nadie lo persiga», dice el proverbio, «pero el justo [irreductible] es valiente como un león».[11]

El poder de la oración no está limitado ni por el espacio ni por el tiempo. Las oraciones que pueden alcanzar el cielo también pueden darle la vuelta al mundo.

Una razón por la cual los hombres no son tan dados a la oración como las mujeres es que la oración está basada en una relación personal, y las mujeres tienden a mantener mejores relaciones que los hombres. A los hombres se les dio la capaci-

9   Mateo 18.18.
10   Véanse Hechos 17.6; 4.13.
11   Proverbios 28.1.

dad de ser administradores sobre la tierra, por eso tienden a sentirse realizados con cuestiones impersonales. Las mujeres, en cambio, fueron creadas para ser el complemento del hombre y se sienten realizadas básicamente con asuntos personales. Los libros y revistas para mujeres por lo general tienen que ver con relaciones. Los hombres, mucho más frecuentemente leen noticias, asuntos de negocios, deportes y manuales acerca de cómo hacer las cosas uno mismo. Así que los hombres que llegan a ser vigorosos en la oración son efectivos porque *se esfuerzan para lograrlo.*

La Palabra es una roca, fe es una sustancia, y la oración es una plataforma. Las tres lo sostienen a usted.

La oración nunca viene por naturaleza. El hombre natural no ora, excepto en crisis. Inicialmente, la vida no es espiritual sino natural, y así también es la oración.[12] El hombre espiritual pone primero la vida espiritual, y luego la natural. La marca de una espiritual potente es la oración.

Músculos espirituales

La práctica de llevar gente en oración desarrolla músculos espirituales. Frente a los tiempos difíciles que están por venir, necesitamos desarrollar fuerza en la oración.

Difícil es:

- Cuando usted está trabajando y cuida a dos pequeños niños mientras su esposa está muriendo de cáncer.
- Cuando su esposa le dice que está embarazada de otro hombre y quiere el divorcio.
- Cuando se le da la noticia de que su hijo recién nacido nunca será normal.

12   1 Corintios 15.46.

- Cuando va a prisión por un delito cometido por su socio.

- Cuando se está recuperando del abuso de las drogas o el sexo.

- Cuando llega un policía a la puerta de su casa para decirle que su amada hija ha quedado paralizada por un accidente automovilístico provocado por un chofer borracho.

- Cuando sabe que ese chofer borracho volverá a su trabajo a los seis meses, pero que su hija jamás volverá.

El alcohol jamás podrá mitigar el dolor y la herida como Dios. *Las drogas son un escape hacia la esclavitud, mientras que la oración es un escape hacia la libertad.* Encolerizarse con Dios y mantener resentimiento contra Él por algo que pareciera una injusticia suya, significa cortar toda relación con la única fuente de ayuda. La oración es el lugar donde usted puede preguntar por qué y obtener una respuesta del Maestro. La oración es la avenida para el desahogo de cualquier dolor, rabia, pena o frustración, y luego está Cristo Jesús para ministrarle en su necesidad.

«Por cuanto Él mismo [en su humanidad] ha sufrido en ser tentado [probado y afligido], Él puede [inmediatamente] acudir al llamado [a ayudar, a aliviar] de aquellos que están siendo tentados y afligidos [y por lo tanto están expuestos al sufrimiento]».[13]

Corra *hacia* Dios, no huya de Él. Dios quiere que usted eche «toda su carga sobre» Él, o no lo habría dicho.[14] Tratar de hacerse el «bueno» en la presencia de Dios es un esfuerzo

13 Hebreos 2.18
14 1 Pedro 5.7.

orgulloso y farisaico. *¡Uno no es bueno primero y luego va a Dios; sino que uno va a Dios, y Él lo hace bueno!*

Usted puede estar bien en cuanto a voluntad, fuerza muscular, fibra moral o fuerza mental, pero lo más grande es ser vibrante en la oración. La ausencia de oración habla de *su* capacidad. La presencia de la oración habla de la capacidad *de Dios*.

¡La más poderosa palabra de siete letras que usted puede conocer es O-R-A-C-I-Ó-N!

◆

PENSAMIENTOS FINALES

- La oración, el dinero y el sexo fueron hechos para amar y para dar, no para codiciar y acumular.
- La sumisión a la voluntad de Dios no es garantía de que no habrá muerte, pero sí de que después de la muerte habrá resurrección.
- La oración produce intimidad. Usted se siente cercano a quien le ora, a la persona por la cual ora, y a la persona con quien ora.
- Los hombres tienden a sentirse realizados con cuestiones impersonales. Las mujeres, en cambio, se sienten realizadas con asuntos personales.
- Uno no es bueno primero y luego va a Dios; sino que uno va a Dios, y Él lo hace bueno
- La ausencia de oración habla de su capacidad; la presencia de la oración habla de la capacidad de Dios.

REFLEXIONES

1. ¿Cuál fue la primera oración que usted aprendió?

2. ¿Con qué frecuencia cree usted que oró Jesús? ¿Por qué oró Él?

3. ¿Cómo está estructurada su vida? ¿Saca usted tiempo para estar con su familia? ¿Para recrearse? ¿Para orar?

ONCE

◆

¡DESPIERTA, PAPÁ!

Nunca somos demasiado jóvenes
para que nos enseñen,
ni demasiado viejos para enseñar.

BRANDON ME ACOMPAÑÓ a Austin, Texas para una reunión de día domingo. Radiante, rubio, con los ojos como dos chispeantes gemas azules, mi nieto de nueve años de edad se veía listo para iniciar el viaje como su padre lo había hecho antes. Yo quería intimar con mis nietos, por lo que lo mejor era estar a solas con ellos, hombre a hombre.

El sábado en la noche, en nuestro cuarto del hotel, le pedí que leyera la Biblia en nuestro devocional. Cuando terminó, nos arrodillamos en la cama uno al lado del otro, y yo comencé a hacer mi oración de nueve años. «Señor, bendice al padre y a la madre de Brandon», comencé. Cuando hube finalizado mi oración, invité a Brandon que orara.

Por el rabillo del ojo, observé su pequeña estructura. Ahí estaba, arrodillado y recto, en una actitud de adoración; las manos juntas, el rostro sereno mirando hacia adelante y con los ojos cerrados. La luz de la lámpara le daba de lleno en su rostro pecoso. Entonces, empezó a orar: «Señor, sabemos que el mundo entero está con el malo, y que Jesucristo vino a salvarnos;

por eso, oramos por los hombres a quienes vamos a ministrar mañana. Coloca a los ángeles del cielo alrededor nuestro para que nos protejan...» Y así siguió con su batalla espiritual, orando como una persona de sesenta años. Todavía me río cuando recuerdo la incongruencia. Pensé que oraría, «Y ahora me voy a dormir», y mi nieto, de nueve años de edad, hizo una verdadera oración. Pude apreciar más a sus padres.

Dos años más tarde, su hermano Bryce me acompañó a Tulsa, y lo hizo igualmente bien. Antes de iniciar nuestra reunión del *Christian Men's Event*, los pastores y otras personas que participaban se reunieron para orar privadamente en un cuarto cerca de la plataforma. Mientras los distinguidos hermanos se reunían alrededor de la mesa para unirse a mí en intercesión, Bryce tomó su lugar a mi lado. Como había hecho con Brandon, ese día formamos nuestro Equipo Evangelístico Cole, y el trabajo de Bryce fue leer el texto bíblico antes de que yo hablara a la concurrencia. Después que otros hubieron orado, pedí a Bryce que lo hiciera.

Un tanto sombrío y serio, comenzó. «Señor, si aquí hay hombres que no saben cómo besar a sus hijos en la noche antes de irse a dormir, o no saben cómo orar con ellos, por favor ayúdales a hacerlo».

La sencilla realidad en su oración nos tocó a todos. Cuando terminamos de orar y salimos del cuarto y Bryce caminaba erguido, llevando su Biblia, no pude sino dar gracias a Dios por la salvación que había ocurrido primero en mi madre, luego en mí, posteriormente en sus padres, y ahora en él. Juan, el «discípulo amado», escribió: «No tengo yo mayor gozo que este, el oír que mis hijos andan en la verdad».[1]

---

1   3 Juan 4.

Allen trajo a su hijo de quince años de edad a la reunión de los hombres porque quería pasar el día con él. En un momento, durante el día, preguntamos que los que quisieran arreglar las cosas con Dios que pasaran al frente. Al ver muy serio al hijo de Allen de pie junto a su padre, al lado de la plataforma, le pregunté por qué había pasado al frente.

«Porque quiero que Dios me perdone por haber estado furioso con Él por llevarse a mi madre», contestó. Su madre había muerto unos pocos años antes.

Qué confesión tan genuina y significativa. En un gesto espontáneo, para confirmar su hombría, le dimos algún dinero para que al día siguiente invitara a su familia a cenar y para que les contara lo que Dios había hecho en su vida. Él escogió el restaurante, pidió la bendición de Dios sobre los alimentos, y le dijo al mozo que él pagaría la cuenta.

Durante la comida le contó a su familia lo que había acontecido el día anterior y le pidió a su madrastra que lo perdonara por la forma en que se había comportado con ella. También había invitado a los padres de ella. Su abuelastro se puso de pie, caminó hasta donde él estaba y lo abrazó. A esta altura del almuerzo, todo el mundo estaba llorando: sus hermanas, cuyas vidas habían sido trágicamente afectadas por la pérdida de su madre y la resistencia de su hermano a aceptar a su nueva madre; su padre, quien había tratado de tender un puente entre la madre y su hijo; sus abuelastros, que habían venido observando con pena cómo su hija se esforzaba por unir a dos familias.

Mientras la familia lloraba, perdonaba y se abrazaba, las personas que ocupaban las otras mesas en el restaurante y que observaban la escena también empezaron a llorar con ellos. «Estoy muy orgullosa de ti», le dijo una dama que vino en su mesa a abrazar al joven Allen.

Un milagro increíble y maravilloso de reconciliación y de unidad familiar tuvo lugar aquel domingo. El perdón de un joven, ocurrido a través de oraciones en lágrimas de sus padres, afectó las vidas de otros alrededor de él inmediatamente y quién sabe cuántas más en los días siguientes.

Uno nunca es demasiado joven para aprender, ni nunca demasiado viejo para enseñar. *Escuchar a Dios no depende de la edad, sino del tipo de relación.*

Se cree que Daniel tenía quince años de edad cuando fue llevado cautivo a Babilonia. En la cultura del hogar de su niñez, a los trece años él ya era plenamente hombre. Una aspecto de su madurez quedó de manifiesto en su aceptación y ambientación a los cambios en su vida. La capacidad de adaptación es característica de fuerza.

José, hijo de Jacob, sentó el precedente, lo cual también está registrado en el Antiguo Testamento. Después de sus sueños de grandeza cuando tenía diecisiete años, José fue vendido por sus hermanos. Lo que parecía ser terrible se tornó en bueno, sin embargo, por la trascendente gloria de Dios. Tras comenzar su vida como un esclavo en la tierra extraña de Egipto, José ascendió a una posición de prominencia y autoridad. Cuando más tarde su familia, golpeada por el hambre acudió a Egipto buscando comida, José estaba allí, y gracias a él Faraón se mostró generoso con Israel. Lo que pareció un incidente perjudicial para la vida de José, llegó a ser en realidad parte de la preparación de Dios en el cuidado de él y de los otros israelitas.[2]

Aunque ambos hombres vivieron vidas difíciles, no hay registro alguno de que José o Daniel hayan murmurado en contra de Dios por lo que les había ocurrido. Los caminos de Dios son más altos que los nuestros, de la manera en que el cielo es más alto que la tierra.[3]

2   Véase Génesis 37.
3   Isaías 55.9.

Cuarenta años en el desierto sirvieron para templar el carácter y dominar al impetuoso Moisés, de la misma manera que la cárcel y la casa de Potifar fortalecieron a José, y la casa del rey preparó a Daniel. El presente es solo la preparación para el futuro. Pero el futuro nunca llega, porque cuando llega, ya no es futuro sino presente. *El pasado se fue, el futuro nunca llega, por eso nos quedamos solo con el presente.*

Nunca demasiado temprano para comenzar

Daniel se paró ante el rey cuando tenía diecisiete años y no solo para interpretarle un sueño, sino para declararle sin temor todo el consejo de Dios. Desde que era un niño, su educación, entrenamiento y disciplina lo prepararon para ser hombre en su adolescencia. Desde su temprana adolescencia, sus padres deben de haber sido muy diligentes en administrar la vida de Daniel; de otra manera no habría podido estar en condiciones de permanecer en sus propias creencias y convicciones. Puesto que los santos en la tierra son la real nobleza,[4] Daniel procedía de unos padres nobles.

Los hombres deben preparar a sus hijos hoy para los días cuando sean llamados a vivir por sus propios estándares y sin el respaldo de sus padres. Nosotros no podemos asumir que nuestros hijos crecerán en las mismas circunstancias en las que crecimos nosotros. Ellos deben ser entrenados y su carácter preparado para sostenerse en los días más difíciles.

El escritor Tom Wolfe dijo: «Los estadounidenses de cuello azul[5] han llegado a quedar moralmente desnudos. Cuando la

---

4   Salmo 16.3.
5   Se llama «trabajadores de cuello azul» a los que hacen trabajo pesado o sucio con sus manos; en contraste, «trabajadores de cuello blanco» son los que hacen trabajo de oficina, preferentemente. (Nota del traductor.)

clase trabajadora abandonó la moral que sus padres les habían dado, trataron de imitar lo peor de los ricos. Lo que quiere decir que no hay que sujetarse a ética moral alguna sobre la monogamia ni a las reglas en contra de la pornografía». Concluye diciendo que todo aquello que él llama nueva decadencia estadounidense fue engendrado por la abundancia de su sociedad.[6]

James Lincoln Collier, el autor de *The Rise of Selfishness in America* [El ascenso del egoísmo en los Estados Unidos], dijo: «El egoísmo se nos muestra particularmente en el abandono de nuestros hijos. Creemos que tenemos derecho de tener hijos, y luego que los tenemos, los ponemos en guarderías infantiles. Ni siquiera intentamos darles dos padres. Actualmente, en la ciudad de Nueva York el cuarenta por ciento de los niños han nacido sin tener un padre en casa. Esta es una estadística escalofriante... En un año estamos gastando dos mil millones de dólares en llamadas telefónicas pornográficas y pagando cinco millones a jugadores de béisbol. Estamos gastando ciento cincuenta mil millones en drogas ilegales mientras gastamos únicamente ciento setenta mil millones en educación. Y nos hacemos un remolino buscando desesperadamente diez mil millones para montar una guerra contra las drogas. El mismo año, el pueblo de los Estados Unidos gastó veintiún mil millones de dólares en pizzas».[7]

James Dobson, el prominente defensor cristiano de la familia, escribió: «Es difícil enfatizar adecuadamente el impacto negativo que la música está teniendo [en nuestros niños]... [He aquí] las palabras que aparecen en un disco:

6   *Dallas Morning News,* 14 de septiembre de 1990, historia noticiosa de Prensa Asociada.
7   James Lincoln Collier, *The Rise of Selfishness in America* [El aumento del egoísmo en los Estados Unidos], tal como es citado en *The Bottom Line,* 30 de abril de 1992.

- 226 veces se usa la palabra "F" (inicial de una mala palabra en inglés)
- 117 referencias a los genitales
- 87 descripciones de sexo oral
- 178 referencias a perra (con connotación de «prostituta») o prostituta
- 81 referencias a la palabra "S" (inicial de una mala palabra en inglés)[8]

Hay que ser hombre de verdad para criar a los hijos en el ambiente de amonestación del Señor en los días que vivimos.[9] Hay que tener vigor espiritual para luchar día tras día en contra del ataque furioso de la corrupción de este mundo. Los padrastros deben ser especialmente fuertes para contener las actitudes de los niños cuando están sufriendo de confusión, rechazo o crisis de identidad. *Así como Dios vela por nosotros, nosotros debemos velar por los hijos que Él ha puesto bajo nuestro cuidado*.

Dios no quería negar a Adán el disfrute del fruto de aquel árbol que le había prohibido que comiera, sino que quería evitar que se destruyera a sí mismo. La voluntad de Dios no era que Adán se lastimara sino todo lo contrario. De igual manera, Dios no nos ha pedido que resistamos al mundo y que nos privemos de sus placeres para restarnos felicidad, sino para que podamos vivir y no morir. Hay placer en el pecado, pero sólo por un rato.[10] Después vienen las consecuencias que pueden durar toda una vida e incluso por la eternidad. Los padres piadosos que disci-

8   «Dr. Dobson Answers Your Questions» [El Dr. Dobson responde sus preguntas], *Focus on the Family*, agosto de 1992.
9   Efesios 6.4.
10   Hebreos 11.25.

plinan los apetitos de sus hijos por el placer no lo hacen porque les tengan aversión, sino porque los aman.

En otro libro escribí acerca de los «fabulosos padres y los papás fatales». Pero el nuevo fenómeno que está surgiendo con los divorcios es el de los papás que no se hacen cargo de sus responsabilidades. Muchas veces, estos hombres son meros mutantes morales, cobardes o procreadores tipo macho sin ningún sentido de responsabilidad. Están haciendo que la gente crea que todos los hombres son inherentemente irresponsables. Esto, por supuesto, es injusto. Sin embargo, permanece el hecho de que los hombres irresponsables que rechazan el honorable y ético método de respaldar a sus hijos, y dejan que toda la carga descanse sobre las mujeres, son una maldición en nuestro mundo.

Nicholas Davidson, en su libro *The Failure of Feminism* [El fracaso del feminismo], escribió: «Quince millones de niños estadounidenses, un cuarto de la población por debajo de los dieciocho años, están creciendo sin padres. Esta catástrofe social está en la raíz de las epidemias de crimen y drogas, y está profundamente relacionada con la declinación de los logros educacionales, y es grandemente culpable de la persistencia de la pobreza generalizada a pesar del generoso respaldo del gobierno hacia los necesitados.

»El efecto negativo de la ausencia de los padres en los logros educacionales ocurre a pesar de los niveles de ingresos. En un estudio más a fondo... [concluyeron los investigadores], "los niños con un solo padre mostraron menor aprovechamiento en la escuela que aquellos con dos padres". Esto sugiere que el deterioro en el rendimiento educacional en los Estados Unidos sobre la anterior generación tiene más que ver con la calidad de la familia que con la calidad de las escuelas».[11]

11   Nicholas Davidson, «Life Without Father: An American Tragedy»

La ausencia de padres está haciendo que la sociedad pague un alto precio por su bajo estilo de vida.

Los hombres que sueñan, trabajan, estudian y desean ser buenos maridos y padres tienen su propia lucha en la vida: mantener un balance entre el trabajo y el hogar. Aunque sienten la necesidad de participar más en la crianza y educación de los hijos, el estado de la economía los está forzando a dedicar más tiempo a suplir las necesidades de la familia. Están trabajando más duro para hacer menos dinero que en años pasados. La incapacidad para darles más tiempo está produciendo remordimiento y aumentando la tensión entre los miembros de la familia.

«Me sentiría terrible si mi hija diera sus primeros pasos en una guardería en lugar de en casa», me dijo recientemente un padre. Es uno de los papás de nuevo tipo que, de acuerdo con la Oficina de Asuntos Nacionales, es más apto para visitar a los niños en la escuela, preocuparse de llevarlos y traerlos y ayudarles con las tareas.[12] Paradójicamente, mientras señales, hechos y números hablan del decaimiento de la vida familiar, hay un resurgimiento de la preocupación y un concertado esfuerzo para fortalecer la vida de las familias. Los padres siempre han estado dispuestos a poner la vida de sus hijos sobre las de ellos en una situación de emergencia, como en un incendio. Pero hay un deseo creciente entre los hombres cristianos de trasladar ese amor a sus prioridades diarias.

Las evidencias del amor

El pacto de sangre de la amistad revelado en las Escrituras

[Vida sin el padre: Una tragedia americana], *Policy Review*, 1990. Esta es una publicación trimestral de la Fundación Heritage, Washington, DC.

12   Frank Trejo, «Striking a Balance» [Logrando el balance], *Dallas Morning News*, 16 de junio de 1989.

significa que cada participante en el pacto estaba dispuesto a dar su propia vida o sus más queridas posesiones por el otro. Lo que pertenecía a uno pertenecía al otro. Por ejemplo, en los países orientales (incluidas las tierras de la Biblia), los padres valoraban más la vida de sus hijos que la suya propia. Morir sin un hijo significaba que la vida había sido un fracaso. Si un padre tenía que escoger entre su propia vida y la de su hijo, entregaba su vida.

En ninguna parte este principio es más claramente demostrado que en el pacto de Dios con Abraham. Las esperanzas de Abraham estaban centradas en Isaac, su hijo y heredero, el hijo de la promesa. Habría sido más fácil para Abraham ofrecer su propia vida ante Dios que le pidieran la vida de su hijo. Pero Dios exigió que le ofreciera a su hijo en el altar. En el último momento, sin embargo, Dios proveyó un sacrificio sustituto y liberó a Isaac. Dios comprobó que Abraham era su amigo pidiéndole a su hijo Isaac. Abraham comprobó que Dios era su amigo dándole a Isaac. Nada que Abraham haya podido hacer pudo ser más grande que demostrar su fe en la promesa del pacto de Dios a través de ofrecer a Isaac en el monte como un sacrificio.[13]

«Nadie tiene mayor amor que éste, que un hombre ofrezca su vida por sus amigos», dijo Cristo.[14] Abraham hizo más: estuvo dispuesto a poner la vida de su hijo. Al hacer eso, prefiguró el amor de Dios, quien dio a su Hijo unigénito en el Calvario. *El amor de Dios es incondicional, sacrificial y redentor*. Aquellos que están en pacto con Él mediante Cristo deben manifestar idénticas características. Así es como un hombre debe amar a su familia.

El amor por la familia comienza entre esposo y esposa e incluye a los niños cuando ellos llegan a la familia. Un hombre

13   Hebreos 11.17.
14   Juan 15.13.

debe amar a su familia así como Cristo ama a la iglesia. Hay tanto evidencias como provisiones en ese amor. Las evidencias del amor de Dios son ausencia de egoísmo, deseo de beneficiar a la persona amada y deseo de preservar la unidad.

Ausencia de egoísmo. Dios dio a su único Hijo. Cristo no se agradó a Él mismo sino al Padre. El Espíritu Santo magnifica a Cristo, no a sí mismo. La ausencia de egoísmo es la esencia de la naturaleza de Dios. «Porque de tal manera amó Dios al mundo, que dio...»[15]

Deseo de beneficiar a la persona amada. Dios dio a Cristo para que nosotros tuviéramos vida eterna. Cristo vino al mundo para buscar y salvar a los perdidos. El Espíritu Santo hace que todo redunde para nuestro bien: que se desarrolle en nosotros la semejanza a Cristo.

Deseo de preservar la unidad. El propósito de Dios en la redención es adoptarnos como miembros de su familia. Cristo oró para que nosotros fuéramos uno con el Padre. El Espíritu Santo nos hace parte del cuerpo de Cristo.

Las provisiones del amor

Las provisiones del amor son identidad, seguridad y estabilidad.

Identidad: Estamos identificados con Cristo por su Palabra, su sangre y su Espíritu. Cuando un hombre contrae matrimonio con una mujer y le da su nombre en los votos matrimoniales, le está dando su identidad. Al tomar su nombre, ella llega a identificarse con su carácter. Ella debe complacerse con su identidad o, al menos, sentir compatibilidad con ella.

A la inversa, la pérdida de respeto es la causa subyacente de la mayoría de los problemas matrimoniales en los Estados

15   Juan 3.16.

Unidos.[16] Si una mujer no puede respetar a un hombre, no va a querer llevar su nombre. El nombre de un hombre es tan bueno como su palabra.

Un hombre en Colorado se paró ante un grupo de hombres y les dijo que su esposa estaba pidiéndole el divorcio. Debido a la pésima reputación del esposo en la comunidad, ella había sido excluida de sus viejas amistades, en tanto que sus hijos eran molestados sin misericordia. Él le pidió que lo perdonara; ella pidió restitución. Él quiso que se volvieran a juntar de inmediato; ella pidió evidencias consistentes de cambio. Él le dio su palabra; ella le pidió pruebas. Él negó sistemáticamente los cargos, pero como dice el proverbio: «¡Nadie se sana de una herida diciendo que no existe!»[17]

Su nombre no era precisamente un perfume para ella, sino más bien le hedía.

Por el otro lado, una mujer experimenta gran satisfacción y orgullo por el nombre de su esposo cuando le trae respeto. Usar su nombre es como una etiqueta de honor, algo para ser apreciado y tenido en muy alta estima. De la manera que se saborea un plato de sabroso manjar, así son los afectuosos comentarios y cumplidos que ella oye acerca de su esposo. *Un hombre puede dar a su esposa un abrigo de visón, pero su nombre será lo que mejor la abrigue.*

¿Por qué algunas mujeres prefieren quedarse solteras? Prefieren usar su propio nombre a otro que desprecian. ¿Por qué algunos niños se rebelan? Por la vergüenza de llevar el nombre de su padre. Es más que una mancha en el traje: es una mancha en sus vidas. «La gloria del hijo es su padre», dice el proverbio.[18]

---

16 James C. Dobson, *Love Must Be Tough* [El amor debe ser difícil,
    Word, Waco, TX, 1983, p. 44.
17 Jeremías 6.14.
18 Proverbios 17.6.

¿Cuál es su reputación respecto de su esposa y sus hijos? ¿Cómo se sienten ellos acerca de ser identificados con su nombre?

Seguridad: Dios ha hecho un pacto con nosotros en Cristo. Hay un viejo adagio que dice: «La seguridad de una mujer está en su casa». Eso es parcialmente verdad. Cuando una mujer se casa, su seguridad está primero y preferentemente en su esposo. En el hogar, él es el *Jehová Jireh, el proveedor.*

Sus provisiones no son meramente cosas tangibles como el alimento, el vestuario y la casa, sino además otras intangibles como dirección, protección y corrección. Provee un patrimonio para su familia en más formas que la monetaria: lo que ha invertido en sus vidas y espíritus. La inseguridad en su hombría se traslada a inseguridad en la vida de su familia, especialmente de su esposa. Esa inseguridad crea ansiedad que es expresada en regaños y manía de criticar. Para ella, confrontarlo a él directamente podría impugnar su hombría, ponerlo a la defensiva y levantar barreras emocionales y de comunicación que quizás nunca puedan ser superadas.

En cuanto a las cosas tangibles, los hombres con una «mentalidad de arrendatario» nunca verán la importancia de proveer para comprar una casa. Las mujeres quieren algo que puedan considerar propio, fijo, para decorarlo y darle un toque personal. Por lo general, al alquilar una casa no se puede conseguir la misma sensación de seguridad y satisfacción de su instinto de «nido».

La seguridad también viene al reconocer y adherirse a los derechos de posesión y expectativa de la familia. Déjenme explicar este punto. Mi hijo estaba en el quinto grado cuando trajo a casa su tarjeta de calificaciones que era menos que satisfactorio. Cuando le pregunté por qué no lo había hecho mejor, me contestó con un encogimiento de hombros: «¿Qué esperabas tú?» Le dije, en forma clara e inequívoca, lo que yo esperaba. Un hijo tiene un derecho de posesión al tener a sus padres. Por eso mismo, también tiene el derecho de esperar algo de ellos. Tiene el derecho de esperar que su padre proveerá para su alimentación, vestuario y casa, y que su madre hará diariamente que aquellas provisiones estén disponibles para él. Pero estos derechos trabajan en doble vía. Los padres tienen el derecho de posesión de sus hijos, y también tienen el derecho de esperar algo de ellos.

Dios tiene el derecho de posesión de nuestras vidas, y por eso, nosotros tenemos el derecho de esperar algo de nuestro Padre celestial. Oramos y esperamos una respuesta. Tenemos necesidades y esperamos que Él provea. Ese es nuestro derecho como parte de la familia de Dios (físicamente creados a su imagen y espiritualmente recreados como uno de sus hijos). Por el mismo motivo, Dios tiene el derecho de esperar de nosotros que creamos en Él, obedezcamos su Palabra, cumplamos con sus mandamientos, hagamos su voluntad, y lleguemos a ser como Él es.

Estabilidad. Nuestras vidas están construidas sobre la Roca que es Cristo. Un encino es suficientemente fuerte como para enfrentar las tormentas, porque sus raíces están enterradas profundamente en la tierra y se extienden bajo ella como las ramas en la superficie. Así es quien tiene raíces profundas: estable, inconmovible, fuerte.

Cambiar de trabajo; ir saltando de una posibilidad de hacerse rico rápido a otra; andar siempre buscando otra cosa, incluyendo otra iglesia, es una demostración de inestabilidad. Llevado a su extremo, los abusos indican inseguridad en la hombría e inestabilidad emocional. A menudo, el analfabetismo contribuye a la inestabilidad.

Los niños que crecen en un ambiente inestable corren el riesgo de serlo cuando lleguen a adultos. Mauricio me escribió: «Yo sólo he cumplido de palabra mi compromiso con Dios y con mi esposa, quien ha sufrido grandemente por mi falta de compasión hacia ella y por mi indiferencia por sus necesidades...

Pero un día escuché a un hombre decir: "Si su matrimonio fracasa, échese la culpa usted", y esto me ha llenado de un sentimiento de culpabilidad. Empecé a orar sobre eso y pedí a Dios que cambiara mi corazón. Lo hizo. No sé por qué fui ciego por tanto tiempo. Yo no puedo deshacer el pasado, pero estoy intentando que Dios tome cuidado del futuro. Soy un hombre bendecido».

Honrar a Dios solo de palabra es hipocresía y causa inestabilidad en todos los caminos del hombre. Los hombres de ese modo se causan daño a ellos mismos y también dolor a sus familias. Renovar nuestra mente con el Espíritu Santo, estabilizar nuestras emociones a través de su amor y fundamentar nuestros corazones en su Palabra son esenciales para tener la estabilidad necesaria que requiere una buena paternidad.

El matrimonio y la familia pueden ser fuentes de risas o de lágrimas. Ambas instituciones están bajo fuerte ataque por una falange de fuerzas destructoras que tratan de eliminarlos. Pero como fue Dios quien los creó, destruirlos requeriría destruir a Dios mismo.

Leí una divertida historia acerca de un joven que se hizo miembro de un club londinense para caballeros de edad. En una visita, se sentó al lado de un anciano serio. Para tratar de establecer una conversación, el joven le preguntó al caballero:

—¿Podría ofrecerle un cigarro?

—¡No! Probé una vez, no me gustó, y nunca más he vuelto a intentarlo —contestó el caballero.

Rechazado pero no desanimado, el joven hizo un segundo intento.

—¿Podría ofrecerle un trago?

—¡No! Probé una vez, no me gustó, y nunca más he vuelto a intentarlo —fue la brusca respuesta.

Después de un momento, el joven arremetió por la tercera vez.

—¿Qué le parece un juego de naipes?

—¡No! —dijo el caballero de nuevo—. Traté una vez, no me gustó, y nunca más he vuelto a intentarlo.

Después de una pausa, agregó:

—Sin embargo, dentro de un momento estará aquí mi hijo, y él quizás quiera jugar.

—Supongo que es su único hijo, ¿verdad? —le dijo el joven.

La crisis en boga

Más y más mujeres están decidiendo tener hijos sin esposos. Ahora muchas mujeres ven a los hombres como simples objetos sexuales, que es lo que ellas más rechazan en cuanto a lo que los hombres piensen. Muy a menudo, adoptan una actitud como si lo único necesario de los hombres fuera su esperma. Cuando son entrevistadas, su queja más común es que no hay ningún hombre estable que esté dispuesto a comprometerse con una familia. Participar, sí; comprometerse, no.

Bien sabido es que un gran porcentaje de los delincuentes juveniles vienen de hogares sin padre. Muchas mujeres están dispuestas a asumir solas la responsabilidad de ganar el pan para la familia, criar a los hijos, disciplinarlos y ser un modelo para ellos con todos los riesgos y carga que ocasiona, porque les parece más fácil que cuidar a un hombre mientras cría los niños. Los hombres inmaduros hacen maridos ineptos. En un informe sobre 1.178.000 matrimonios que se rompieron en 1986 en los Estados Unidos, las mujeres presentaron más del sesenta y uno por ciento de las peticiones de divorcio.[19]

Una nueva encuesta establece que más de la mitad de las madres adolescentes fueron víctimas de abuso cuando niñas. De estas, el noventa y cuatro por ciento conocía a los agresores, y

19 *Los Angeles Times,* 6 de agosto de 1992, historia noticiosa de Prensa Asociada.

el veinticinco por ciento de estos eran miembros de la familia. La experiencia de ser abusadas hace que las víctimas se sientan sin esperanza de sobreponerse y prefieran adoptar la actitud de «qué importa».[20]

Un connotado defensor de los pobres encontró que estos estaban más preocupados por la vida de la familia que por pagar las cuentas de servicios o recoger basura.[21] *Estadísticamente, la falta de un padre está más asociada con el delito que la raza o la pobreza.* Es poco probable que familias pobres pero íntegras produzcan delincuentes; sin embargo, es muy posible que los produzcan familias ricas destrozadas.[22]

En los disturbios de Los Ángeles en 1992, durante aquella catastrófica revuelta que todo el mundo vio por la televisión, se dijo que los terroristas la inspiraron, los pandilleros la dirigieron y las multitudes la completaron. Siempre es peligrosa la mentalidad de las masas. Las pandillas han proliferado entre los jóvenes, tanto hombres como mujeres, no solo en Los Angeles, donde se estima que hay unas trescientas pandillas sólidamente constituidas, sino a través de todo el mundo.

Los miembros de las pandillas son producidos predominantemente por hogares sin padres. Como las sectas, las pandillas son una simulación de la familia. La responsabilidad del padre es proveer intimidad, disciplina, amor y valores. Las pandillas y las sectas proveen los cuatro.

Los cuatro deseos básicos de la vida son: ser, procrear,

20   Lindsey Tanner, «Teenage Mother's History of Abuse» [Historia de abusos de madres adolescentes], *Chicago Tribune*, 5 de junio de 1990.
21   Mona Charen, «The Father's Role Is Vital to a Well-Knit Family» [El rol del padre es vital a una familia bien consistente], *Orange County Register*, 11 de febrero de 1992.
22   Davidson, «Life Without Father» [Vida sin el padre].

pertenecer y poseer. En cuanto al deseo de ser, el punto es la identidad. Una crisis de identidad personal debe ser resuelta si se quiere disfrutar de una vida normal. Los hombres que nunca han resuelto este asunto son erráticos y vacilantes. No pueden proveer ni identidad ni estabilidad. Aun más grave es la necesidad de identificación con Dios mediante Cristo. Es el punto básico del cristianismo. Pero las pandillas también proveen identidad. Para los miembros, sus colores son tan importantes que mueren por ellos.

El deseo de procrear significa producir. Ser productivo es la realización de la vida. Cuando las mujeres dan a luz hijos, se sienten realizadas. Los hombres la encuentran cuando en la cosecha recogen los frutos. Los niños la descubren aprendiendo. La iglesia la disfruta cuando otros nacen en la familia de Dios. Las pandillas proveen productividad y se reproducen ellos mismos, mediante iniciaciones rituales.

El deseo de pertenecer es satisfecho al ser aceptados y llegar a incorporarse como miembros regulares del grupo. Una encuesta informal realizada por un servicio social a jóvenes involucrados en prostitución en Hollywood, California, informó que casi el 100 por ciento, tanto mujeres como hombres, fueron abusados sexualmente, y casi el noventa por ciento de ellos fueron repudiados por sus familias.[23] No eran deseados. No tener una familia les hacía sentirse sin valor alguno. La familia de Dios es la suprema pertenencia que da satisfacción. Las pandillas también proveen esto. El pertenecer a la «hermandad» es de tanto valor que bien vale la pena morir por ello.

El deseo de posesión es satisfecho cuando usted puede decir que algo es suyo, sea que se trate de un perro, un gato, una frazada, un auto, un grado académico, una casa, un negocio o

23   Niños de la noche, un servicio social en Hollywood, California.

cualquiera otra cosa. La vida eterna es la posesión final. Nada es más grande, incluyendo fama y fortuna. Pero aquí de nuevo, las pandillas proveen un sustituto en la posesión de zapatos, abrigos, sombreros y especialmente armas.

La vida familiar da al individuo satisfacción personal. Dios creó a la familia con ese propósito. Donde tal satisfacción está ausente, será provista, falsamente, bajo la égida de Satanás, el gran imitador. No es de extrañarse que tanta gente se junte en tantas denominaciones, clubes, organizaciones, partidos y grupos. Las personas son criaturas sociales y necesitan realizarse. El hogar y la iglesia son los lugares donde Dios intenta darnos el más grande sentido de realización.

Es difícil:

- Cuando su hijo o su hija se va de la casa para unirse a una secta
- Cuando su hijo es arrestado durante un rito de iniciación en una pandilla.
- Cuando su hijo muere y usted se pasa el resto de su vida lamentándose por haber estado demasiado ocupado para pasar tiempo con él.
- Cuando descubre a Cristo solo después que sus hijos han crecido y han salido de casa.
- Ser una madre sola con cuatro niños.

La única fuente de fortaleza para una paternidad apropiada en estos tiempos difíciles es Jesús. Él ha prometido darnos su Espíritu para que sea nuestro Consolador, y para que esté a nuestro lado.[24] Él será nuestra fuerza en tiempos difíciles.

Las drogas y el alcohol son consoladores falsos. Ellos levan-

24 Juan 16.26; 14.26.

tan sólo para dejar caer. El Espíritu Santo le ceñirá con su infinito poder sin decepcionarlo porque Él es el que nos lleva hacia arriba.[25]

En vista de que la moralidad de una sociedad declina y la vida familiar se desintegra, los hombres deben disciplinarse y a sus familias para prepararse para los días que vienen. *Cuando el hombre salga de la escena, sus hijos todavía quedarán allí, viviendo en un lugar mucho más difícil y peligroso que aquel nunca conoció.*

◆

---

25   Salmo 3.3.

PENSAMIENTOS FINALES

- Nunca somos demasiado joven para que nos enseñen, ni demasiado viejos para enseñar.
- Escuchar a Dios no depende de la edad, sino del tipo de relación.
- Las evidencias del amor son ausencia de egoísmo, deseo de beneficiar a la persona amada y deseo de preservar la unidad.
- Las provisiones del amor son identidad, seguridad y estabilidad.

REFLEXIONES

1. ¿Podría usted describir a la familia en la que creció como una familia «normal», una familia «problemática», una familia «buena» o una familia «mala»?

2. En su adolescencia, José y Daniel fueron sacados de sus familias. ¿Con qué influencia familiar con las evidencias y provisiones del amor contaron?

3. Si usted tiene hijos, ¿están ellos preparados para las dudas que pueden encontrar más adelante? ¿Cómo podría prepararlos mejor?

DOCE

UNA DÉCADA
DE OSADÍA

*Mientras más oscura es la noche
más brillante es la luz.*

CUANDO MI HIJO, Paul, se registró en un hotel en Londres, quedó estupefacto cuando recibió una invitación para asistir a una sesión de espiritismo en el hotel junto con otras invitaciones a teatros y restaurantes. En gran parte del mundo, la sociedad contemporánea ha integrado lo oculto en el fluir normal de la vida.

Presentaciones de fenómenos síquicos en la televisión; tarot y exhibiciones ocultistas en centros comerciales; canalizaciones y espiritismo que atraen a grandes multitudes y celebridades. Estas y otras cosas por el estilo aparecen regularmente por todo el mundo. Videntes al estilo de Jeanne Dixon acumulan titulares con sus predicciones de acontecimientos futuros. Las predicciones astrológicas aparecen diariamente en los periódicos junto a los crucigramas, y sus autores tienen acceso al Palacio de Buckingham y a la Casa Blanca.

La gente está fascinada con el futuro, pero sólo Dios conoce lo que viene.

Los profetas de Dios registraron sus profecías estimulados por el poder del Espíritu Santo. Los falsos profetas profetizaban de sus propias mentes, o de fuentes impías. Las profecías incorporadas como escritos sagrados en las Escrituras han sido estudiadas, examinadas y encontradas verdaderas hasta en sus más mínimos detalles. Las profecías del Antiguo Testamento concernientes a Cristo, cumplidas en grado sumo en el Nuevo Testamento, destacan sobre la naturaleza divina de un verdadero ministerio profético.

Casi la mitad del libro escrito por Daniel consiste de sus profecías. Los teólogos, en sus estudios de escatología (profecía, o «los últimos días»), dependen de las predicciones de Daniel y del apóstol Juan y su libro de Apocalipsis como sus más importantes fuentes.

Los profetas predican y predicen. Su predicación es hecha con un «sentido del presente», y hablan al pueblo en el nombre de Dios, puesto que los sacerdotes ministran desde el pueblo hacia Dios. Los profetas también predicen. Dios dio a Daniel una visión predictiva, una revelación de acontecimientos que vendrían sobre el mundo, incluyendo la Segunda Venida del Mesías.

Historiadores, teólogos y maestros que han estudiado el libro de Daniel están de acuerdo en que a través de él Dios completó varias áreas de primera importancia.[1] Primero y antes que nada, él fue el representante de Dios en una tierra extranjera para dar honor a Jehová donde normalmente no se le daba. *Los honores concedidos a Daniel fueron un crédito a su Dios*. Tan importante como eso, preparó un lugar para la que nación de Israel recibiera las bendiciones de Dios. Al estar ocupando una posición de poder en Babilonia, pudo asegurar un trato favorable para su pueblo. Además, registró la revelación que en nuestros días es estudiada cuidadosamente para conocer las verdades sobre el futuro del mundo, el cual está en las manos de Dios.

Daniel fue llevado cautivo en la adolescencia y su última visión se registra después de sus sesenta años. Su vida prueba

---

1   Leon J. Wood, *The Prophets of Israel* [Los profetas de Israel], Baker Books House, Grand Rapids, MI, 1979.

más allá de toda duda que usted nunca es demasiado joven ni demasiado viejo para ser usado por el Señor.

El rol profético es todavía viable en la iglesia. En 1979, una palabra profética llegó a ser una poderosa fuerza en nuestro ministerio a los hombres. Fue simple pero directa. «Los pecados sexuales serán el problema de la iglesia en la década de los ochenta». Una palabra profética en 1980 fue que nuestro ministerio sería como un instrumento de segar con dientes.[2] Hasta que comenzó, diez años más tarde, la gente consideró extraño nuestro énfasis en los hombres.

Lo que sucede ahora

Las profecías de las Escrituras acerca de los últimos tiempos son de gran importancia en nuestro día. La Biblia predice que habrá:

- compresión de tiempo
- aceleración de actividad
- magnificación de personalidad
- aumento en la intensidad de la vida
- deterioro del carácter
- castración de la hombría
- eliminación de los estándares
- perversión de los principios
- endurecimiento de los corazones
- aumento de la adoración del diablo

¿Le suena conocido?

Entre otras señales de los tiempos, tres características del espíritu del mundo en los últimos días deben ser consideradas muy seriamente. El libro de Apocalipsis las describe como:

2   Véase Isaías 41.15.

- criminalidad (de la palabra «pharmakeia», o drogas)
- impenitencia (resistencia a confesar el error)
- masoquismo (hacer de la violencia un hábito)

Con el aumento mundial de la rebelión en contra de la autoridad constituida, con la criminalidad en todas sus variantes manifestándose libremente, estamos siendo testigos de una representación de los últimos días. De igual manera, negarse a admitir los errores, las mentiras, la culpa, guardar silencio para evitar la verdad, y el endurecimiento del corazón caracterizado por el rechazo al arrepentimiento son señales para nosotros. Mientras más vemos esto, y el endurecimiento de los corazones, más nos damos cuenta que estamos viviendo en lo que la Biblia llama «tiempos peligrosos».[3]

Además, cuando a una sociedad mundana ya no le basta con simples escapadas sexuales, sino que necesita películas de actos sexuales con homicidios; cuando las prácticas sadomasoquistas son publicitadas como «moda»; cuando en los bailes mutilan y causan invalidez; cuando es tolerada la tortura; podemos ver el comienzo de los indicios que proliferarán justo antes de la Segunda Venida de Cristo.

Piense que tales señales están ocurriendo en nuestros tiempos.

El apogeo babilónico como una avanzada cultura y potencia mundial dominante durante el período de Daniel degeneró hasta caer estrepitosamente. Una característica que presagió su caída fue que «se volvieron como mujeres».[4] Prevaleció la feminización de la hombría. Los gestos afeminados no eran el problema, sino el abandono de la mayordomía masculina de la tierra. Los hombres perdieron el liderazgo moral y la responsabilidad, haciéndose indecisos y dejando un vacío que hizo que las

3   2 Timoteo 3.1.
4   Jeremías 51.30.

mujeres asumieran el poder. Nuestro día muestra los mismos síntomas, con la última elección general en los Estados Unidos llamada «El año de la mujer».

Los líderes estadounidenses declaran una teología de nuevo nacimiento pero mantienen una filosofía liberal. La nación está al borde de un cambio masivo de filosofía basado en un cambio en la moralidad. Los cambios siempre ocurren, pero no siempre son para bien.

Lo que el mundo no pueda controlar, lo descriminalizará y legalizará. Lo que la iglesia no pueda controlar, lo racionalizará y sicologizará. Lo que los hombres no puedan controlar, lo desmoralizará y lo negociará.

Cuando Daniel escribió su visión, no podía imaginarse cómo sería nuestra vida en este día. La mayor parte de los estudios, interpretaciones y enseñanzas proféticos concernientes a la Segunda Venida de Cristo de algún modo enfatizan lo negativo en lugar de lo positivo. Se han escrito volúmenes acerca del Anticristo, la marca de la bestia, la tribulación y el fin del mundo. Demasiado a menudo la enseñanza se detiene ahí. Yo creo que Daniel también vio lo negativo, pero solo a la luz de cuánto él sabía de Dios. *El Señor siempre construye sobre un positivo.* Siempre parte de allí, y siempre termina con eso.

El movimiento de paz recibió gran aliento, si no sus principios, de un fallecido gran científico nuclear. Alrededor del comienzo de la Segunda Guerra Mundial, este científico descubrió la pavorosa posibilidad que una explosión nuclear en la atmósfera podría iniciar una reacción en cadena que hiciera arder los cielos e incinerar la tierra. Los entendidos en las Escrituras entienden la posibilidad de su deducción porque la Biblia habla de tal cosa.

El apóstol Pedro escribió: «Sobre todo tengan esto en cuenta: que en los últimos días vendrá gente que vivirá de acuerdo con sus propios malos deseos, y que en son de burla preguntará:

"¿Qué pasó con la promesa de que Cristo iba a volver? Ya murieron nuestros padres, y todo sigue igual desde que el mundo fue creado".

»Esa gente no quiere darse cuenta de que el cielo ya existía desde tiempos antiguos, y de que por mandato de Dios la tierra surgió del agua y por medio del agua. También por medio del agua del diluvio fue destruido el mundo de entonces. Pero los cielos y la tierra que ahora existen, están reservados para el fuego por el mismo mandato de Dios. Ese fuego los quemará en el día del juicio y de la perdición de los malos».[5]

Cuando la locura de los hombres alcance su cúspide y comience la guerra de todas las guerras, llamada Armagedón, el poder nuclear desencadenado por el odio, los prejuicios y la avaricia podría hacer que la atmósfera se incendie. Minerales preciosos fundidos correrán por la faz de la tierra como calles de oro líquido. Los mares se secarán, y la arena se volverá vidrio. El efecto podría ser las calles bíblicas de oro y los mares de cristal. Si es así, la tierra se purificará del pecado y llegará a ser habitable para los redimidos de todas las eras.[6]

Dios cerrará la historia del hombre sobre la tierra no con un negativo, sino con un espectacular positivo.

Hay profetas, pastores, evangelistas y maestros que han controlado la conducta por la propagación del temor de que Cristo no vendrá por aquellos que estén en los teatros, juegos de fútbol o actividades recreacionales. Pero su Segunda Venida no va a ser una fuente de horrendo horror para los creyentes, sino una experiencia de gran gozo, paz y alivio.

Cristo es verdad. Su Espíritu es el Espíritu de verdad. Cuando la Verdad llama, todos aquellos en la tierra en quienes vive la

5   2 Pedro 3.3-7, Versión *Dios habla hoy*.
6   Apocalipsis 15.2; 21.

verdad se levantarán para estar con Él. Echemos fuera el temor del lugar destinado a la fe gozosa.

El día del juicio ya llega

Es verdad que habrá un día de rendir cuenta, de juicio. Será un día duro para el mundo y todo lo suyo.

Si los impíos cometen actos perversos mientras aun queda algún vestigio de moralidad, decencia y piedad en el mundo, piense en lo que va a ocurrir cuando esa influencia disminuya.[7] El aumento en la adoración del diablo es un proceso condicionador que preparará a la sociedad para lo que habrá de venir.

«Pero por tu dureza y por tu corazón no arrepentido, atesoras para ti mismo ira para el día de la ira y de la revelación del justo juicio de Dios, el cual pagará a cada uno conforme a sus obras;

»Vida eterna a los que, perseverando en bien hacer, buscan gloria y honra e inmortalidad, pero ira y enojo a los que son contenciosos y no obedecen a la verdad, sino que obedecen a la injusticia; tribulación y angustia sobre todo ser humano que hace lo malo, el judío primeramente y también el griego».[8]

Indignación es la reacción apropiada a la maldad. Dios tiene derecho de indignarse con nosotros cuando nos rebelamos en contra del bien hacer para hacer lo malo. La ira es una expresión de rabia con emoción profunda. Cuando la Biblia habla de la indignación y la ira de Dios, está expresando claramente que tales sentimientos están dirigidos a la injusticia de los hombres. El pecado y el juicio de Sodoma y Gomorra son como una piedrecilla ante una montaña en comparación con lo que está por venir.

Dios da siete principios para el juicio de este mundo.

7   Véase Lucas 23.31.
8   Romanos 2.5-9.

1. El juicio será de acuerdo con la verdad.

   Mas sabemos que el juicio de Dios contra los que practican tales cosas es según verdad.[9]

2. El juicio será según la acumulación de culpa del individuo.

   Pero por tu dureza y por tu corazón no arrepentido, atesoras para ti mismo ira para el día de la ira y de la revelación del justo juicio de Dios.[10]

3. El juicio será según las obras, no las intenciones.

   El cual pagará a cada uno conforme a sus obras.[11]

4. El juicio será sin acepción de personas.

   Porque no hay acepción de personas para con Dios.[12]

   Príncipe o plebeyo, rico o pobre, dirigente o seguidor de cualquiera raza, nación o generación. Dios no es parcial.

5. El juicio será según los actos, no según el conocimiento.

   Porque no son los oidores de la ley los justos ante Dios, sino los hacedores de la ley serán justificados.[13]

9   Romanos 2.2.
10   Romanos 2.5.
11   Romanos 2.6.
12   Romanos 2.11.

6. El juicio será según el evangelio de Cristo, no según preceptos sicológicos, ni proclamaciones filosóficas y ni siquiera según los «nuevos Diez Mandamientos» de Ted Turner.

> En el día en que Dios juzgará por Jesucristo los secretos de los hombres, conforme a mi evangelio.[14]

7. El juicio será según la realidad.

> Sino que es judío [o creyente] el que lo es en lo interior, y la circuncisión es la del corazón, en espíritu, no en letra; la alabanza del cual no viene de los hombres, sino de Dios.[15]

Esos son los juicios por los cuales nos podemos medir y examinar nuestras vidas a la luz de la Palabra de Dios, la cual penetra «... hasta partir el alma y el espíritu, y las coyunturas y los tuétanos, y discierne los pensamientos y las intenciones del corazón».[16] Estos juicios de Dios fueron escritos por el apóstol Pablo en el Nuevo Testamento. Pero siglos antes, en las profecías de Oseas, Dios había descrito seis razones de la caída de Israel.[17]

Primero, se transformaron en víctimas de la cultura cananita que los rodeaba cediendo a ella. Segundo, fueron seducidos por la adoración pagana, que parecía más atractiva que la de ellos. Tercero, Israel creyó que los cananitas tenían una mejor vida.

---

13   Romanos 2.13.
14   Romanos 2.16.
15   Romanos 2.29. Corchetes agregados.
16   Hebreos 4.12.
17   Véase el libro de Oseas.

Cuarto, perdieron el sentido de la presencia y propósito de Dios. Quinto, se entregaron a cultos de la fertilidad. Sexto, su depravación moral los llevó a aprobar el asesinato. Y, finalmente, *Dios considera la aprobación del asesinato como lo peor.*

El juicio de Dios es seguro ante tal depravación. En su libro *Cry of the Innocents* [Llanto de los inocentes], escribiendo de la inmoralidad de aprobar el asesinato por aborto, el Rvdo. John O. Anderson explica los tres tipos de asesinatos. Está el asesinato común, donde alguien hace algo espontáneamente, no fuera de sí por la ira, el odio u otra pasión. Luego está el asesinato de los indefensos, hecho hacia quienes no pueden defenderse. Este a menudo es repetido en casos tales como Idi Amin de Uganda quien mató a 650.000 personas; el Khmer Rouge en Cambodia, que segó la vida a 2.000.000; y la mortandad sin sentido que sigue dándose en diferentes partes del mundo.

Luego está el asesinato oficialmente autorizado. El Holocausto en Alemania durante la Segunda Guerra Mundial fue un asesinato autorizado. El aborto es el holocausto de Occidente. El asesinato autorizado hace un hueco en la tela de una nación que lleva a un espíritu de asesinato, el cual desemboca en infanticidio, eutanasia, suicidio asistido, guerras entre pandillas y tribus y aun a sacrificios rituales, a menudo de bebés traídos al mundo con ese solo propósito. La decisión de la Suprema Corte de los Estados Unidos sobre el aborto hizo un hoyo en la tela de la sociedad estadounidense, y un espíritu de muerte ha venido a agobiar a este país.

A través del hedor de la muerte, sin embargo, viene el dulce aroma de la vida. *El evangelio, con su poder para cambiar a la más vil de las personas transformándola en un santo de Dios, extiende su gracia y misericordia a lo peor que hay entre nosotros.* Un hombre me envió recientemente desde la cárcel donde se encuentra una cubierta de cuero labrado para mi Biblia. Fue un obsequio de agradecimiento por los mensajes que había recibido en mis libros y mis cintas de video a través de las barras de su celda de máxima seguridad. Su cuerpo está preso, pero no su espíritu, porque «donde está el Espíritu de Dios, allí hay libertad».[18]

Quiénes son de veras los cristianos

Jesús se paró ante Pilato quien lo juzgaba y quien le preguntó si Él era un rey. «Tu nación, y los principales sacerdotes, te han entregado a mí», continuó diciendo Pilato. «¿Qué has hecho?»[19]

Jesús le respondió: «Mi reino no es de este mundo; si mi reino fuera de este mundo, mis servidores pelearían para que yo no fuera entregado a los judíos; pero mi reino no es de aquí».[20]

La gente que habló a Pilato cometió una equivocación. Creían que el Mesías era un rey que derrocaría al gobierno romano; un libertador que los llevaría de un yugo de gobierno civil al suyo, de formas religiosas. Jesús no vino a cambiar ni a pelear en contra de gobiernos civiles, sino a cambiar los corazones de los hombres, trasladarlos al reino de Dios y reproducir en ellos su imagen, su parecido a Cristo.

Los cristianos son escogidos.[21] Nuestro llamado específico en esta tierra no está enfocado en gobiernos civiles, aunque, como Daniel, podamos influir en ellos. *Nuestro propósito es alcanzar a la gente con el evangelio de Jesucristo*. Gastar todas nuestras energías tratando de cambiar gobiernos o tratando de establecer un nuevo orden mundial es frustrar la gracia de Dios en nuestras vidas.

18   2 Corintios 3.17.
19   Juan 18.35.
20   Juan 18.36.
21   1 Pedro 2.9.

El Reino de Dios no es de este mundo. No es un reino secular temporal, sino que es divino, eterno establecido en la tierra solo en los corazones de los hombres.

Un secularista dogmático dijo: «Bien, ustedes sólo predican un mensaje espiritual. No tienen una conciencia social».

A eso, yo respondo: «¡Si entra basura, basura sale!» La conciencia social de este mundo siempre ha emanado de la iglesia de Jesucristo. La filantropía y la benevolencia siempre han partido de ahí. ¿Cuáles son las organizaciones más prominentes en el mundo que están dedicando dinero, tiempo, esfuerzos, comida, alimento y techo para cuidar de los pobres y de los sin hogar? Son organizaciones *cristianas*, sostenidas por donativos privados de la gente. El amor da. Dios es amor. El amor sirve. *El pueblo que ama a Dios ama para servir*.

La iglesia no es incestuosa, ni, como algunas organizaciones son, dispuesta a servir únicamente a su propia gente. El verdadero cristianismo filantrópico es imparcial. *Nada sobre la tierra supera a la iglesia en su servicio a la humanidad.*

Qué hace realmente un cristiano

La más grande acción filantrópica, sin embargo, es la voluntad de proclamar el evangelio de Jesucristo. A lo largo de mi vida, me he encontrado con algunos de los más grandes hombres que Dios ha puesto en esta tierra. Son hombres a quienes admiro, respeto y aun reverencio por la forma en que entregan el evangelio a su generación.

Hombres de todo el mundo asisten a nuestro Instituto de Entrenamiento de Líderes, y cada uno tiene una historia de la forma en que Dios ha trabajado en sus vidas. Nada nos ha conmovido más que cuando el pastor Kerulo, de Fiji, asistió a un retiro de fin de semana y nos contó su impresionante historia. Bajo su liderazgo, los laicos se propusieron ministrar sistemáticamente durante los fines de semana a cada familia en la isla.

Por años recorrieron el país a pie y en buses. Visitaron todos los hogares, uno por uno, y en cada lugar dejaron literatura evangélica. Después de cubrir toda la nación por dos veces, decidieron hacer lo mismo en toda la región circunvecina del Pacífico Sur.

Los laicos de Fiji —la mayoría jóvenes solteros, no pastores ni ministros profesionales— fueron a las Islas Salomón y se reunieron con los hermanos de allí. Decidieron alcanzar juntos cada vecindario, casa por casa, puerta por puerta. Guiándose con un mapa de las islas, finalmente llegaron a la frontera del pueblo asesino de los Kwaio, al interior de la isla de Malaita.

—Esta es nuestra siguiente misión —dijeron los fijianos.

—No —reaccionaron los isleños—, ustedes no pueden entrar allí.

—Sí, pero debemos entrar.

—Ustedes no entienden —protestaron los de las Islas Salomón.—Nuestros antepasados fueron asesinados por esta gente. El gobierno les teme y los ha dejado tranquilos desde 1947. Innumerables misioneros han ido allí y ninguno ha vivido más de tres días en territorio Kwaio. La iglesia también ha decidido dejarlos tranquilos. Son tan fieros que ni siquiera pueden vivir cerca unos de otros, porque si lo hicieran, pelearían hasta matarse. No podemos ir allí.

—Hemos sido enviados desde Fiji con la misión especial de alcanzar cada hogar de Salomón —insistieron los de Fiji—, y eso incluye a la gente de Kwaio. Si este viaje significa que no volveremos a nuestro propio pueblo, estamos dispuestos a dejar nuestras vidas aquí. Hemos sido comisionados por Dios, no por el hombre, y si esta es su voluntad, pues, que sea. Si vamos a morir, pues, moriremos.

La fe de los fijianos fue un desafío para los hombres de las Islas Salomón. Hablando a nombre de todo el grupo de laicos, el líder se puso de pie y dijo, con toda calma:

—Estos hombres han venido a ayudar a nuestro pueblo. ¿Cómo podrían ellos cuidar de nuestra gente más de lo que nosotros cuidamos de nosotros mismos? —Y volviéndose a los de Fiji, añadió—: Si ustedes van a morir, nosotros moriremos junto a ustedes.

Durante una semana, los hermanos ayunaron y oraron juntos. Oraron para que Dios les diera su favor y para que el enemigo fuera acallado y controlado. Luego entraron a territorio Kwaio, escalaron las montañas para llegar a la primera aldea donde fueron llevados de inmediato con los jefes de la tribu. Sus vidas estuvieron en peligro en todo momento, pero los jefes accedieron a conseguirles una audiencia con el jefe mayor, quien los escuchó atentamente. Cuando hubieron terminado de hablar, milagrosamente el jefe no los mandó matar sino que por el contrario, aceptó a Cristo como su Salvador. Luego ordenó que se juntaran varias tribus para escuchar el mensaje del evangelio, y así comenzó el avivamiento.

Estos jóvenes y fuertes hombres de fe fueron a los Kwaio en 1989 y hoy hay dieciséis templos construidos en el interior del territorio Kwaio y cuatro mil creyentes Kwaio. Estos heroicos y valientes hombres habían aceptado la comisión de Cristo como la más grande vocación que podían alcanzar, sin importarles su propia ocupación.

Sus negocios o sus profesión son su *ocupación*. Su *vocación* es el llamado de Dios a evangelizar el mundo. Este es el llamado primario, fundamental, de Dios a su vida. *El llamado al ministerio de Cristo, en la forma que sea, es el más alto y más noble llamado sobre la tierra.*

Ser ungido por Dios como pastor es más importante que ser alcalde, gobernador, presidente o rey. El primer ministro, el ministro de relaciones exteriores, el ministro de comercio o cualquier otro cargo ministerial es insignificante en importancia. El ministerio de Jesucristo no puede ser difamado, como muchos lo hacen, sino que debe ser considerado con la más alta estima y respeto.

Hoy día, el mundo necesita de hombres que reconozcan el llamado a llevar el evangelio «a todo el mundo».

Usted posiblemente nunca haya oído hablar de Wayne Nicholes, pero los que lo conocemos jamás podremos olvidarlo. Su vida de devoción a su Señor al servir en el ministerio de *Wycliffe Bible Translators* es ejemplar. Es uno de los más distinguidos miembros del ejército de Dios de héroes anónimos. Por más de cuarenta años, él y su esposa fielmente enseñaron el evangelio, entrenaron misioneros, administraron ayuda y se dieron a los demás sin reserva. Cuando lo conocí, en 1980, llegamos a ser amigos.

Me prometió su respaldo a *Christian Men's Network,* y ni un solo mes dejó de dar, salvo septiembre de 1992, el mes cuando falleció su esposa. Me llamó para informarme de la pérdida.

«Cuando los tiernos recuerdos de ella vienen a mí», escribió, «se me llenan los ojos de lágrimas. Pero son lágrimas de gozo al reflexionar sobre nuestros cuarenta y seis años de matrimonio, y al visualizarla allí, con su Padre celestial, a quien ella siempre perteneció desde el día cuando entregó su vida a Él y a quien yo la devolví el día de su muerte. Creo que un verdadero hombre llora, no incontrolablemente sino dolientemente, como una expresión de tierno amor que solo Dios puede dar».

A los setenta años de edad, su ministerio ahora es buscar y reclutar hombres más jóvenes que tengan el mismo deseo y pasión por Cristo. Cuando hablamos más tarde, Wayne me hizo una pregunta que a menudo yo he hecho a otros. *¿Dónde están hoy los hombres dispuestos a decir: «Señor Jesús, lo dejaré todo y te seguiré. Te rendiré mi vida para predicar el evangelio, para ministrar a los enfermos y a los desamparados, a los necesitados, a los perdidos y a los ciegos. Te doy mi vida, Señor»?*

¿Dónde está el llamado al ministerio hoy en las conferencias y las reuniones evangélicas? El llamado al ministerio solía resultar en decenas y aun cientos de personas que se ponían de pie para dedicarse públicamente al ministerio de Jesús. Nosotros consideramos un gran honor y glorificamos a Dios al haber dado nuestro todo. He estado en ampliamente anunciadas conferencias que se han jactado de contar con una lista de oradores que son verdaderos hombres y mujeres de Dios, donde se han usado miles de dólares para reunir a una apretada multitud de cristianos maravillosamente salvados y pecadores que han encontrado a Cristo como su Salvador, pero allí no ha habido un llamado al ministerio. ¿Qué hemos hecho con la noble profesión de servir a nuestro Dios, el Señor y Rey?

Este mundo está en una transición, crisis y confusión. La gente de hoy necesita una voz. Necesita un modelo. *El mundo necesita a un hombre que viva una vida donde no haya componendas en medio de un mundo acostumbrado a transigir.*

En estos últimos días, los que conocen a su Dios harán «hazañas» más que cualquiera otra que haya ocurrido en la historia. ¿Qué otro llamado más alto puede el hombre recibir? ¿Qué otra herencia mayor puede dejar un cristiano maduro? Usted nunca será demasiado joven o demasiado viejo. ¿Qué otra profesión más noble podría ser elegida que el ser un ministro del evangelio de Jesucristo?

Este mundo necesita hombres piadosos y valientes. La vieja tonada de la Escuela Dominical «Atrévete a ser un Daniel» necesita ser puesta al día para esta nueva clase de hombre que realmente *se atreve*. Sea cual sea su ocupación, osarán seguir la vocación de servir al Señor.

¿Y será esto difícil? Miremos a Daniel y sus amigos.
Difícil es:

- Cuando a uno lo lanzan a los leones o a un horno de fuego.

- Cuando la gente se mofa de su experiencia con Dios.
- Cuando uno se lanza en el ministerio y su familia empieza a comer frijoles en cada comida.
- Cuando sus más queridos amigos le aconsejan que deje de seguir tras la fantasía de llegar a ser un ministro.
- Cuando la mitad de su congregación abandona la iglesia porque su mensaje es «demasiado directo».
- Cuando tiene que decirle a su hijo que si se divorcia y se vuelve a casar con una mujer de la iglesia no podrán seguir asistiendo.
- Cuando tiene que oír a su hija menor decir que está embarazada del hijo del diácono.
- Cuando es forzado por una acción gubernamental a salir de la iglesia y nadie se levanta para defenderlo.

Para responder al llamado de Dios, aceptar el honorable ministerio de Cristo, enfrentar la adversidad, hay que ser fuerte. La gente que «conoce a su Dios» hará maravillas. Para los hombres que tienen sus raíces y están plantados en la Palabra de Dios, los días difíciles que están por delante ofrecerán las más grandes oportunidades de todos los tiempos para mostrar su gloria.

Mientras más obscura es la noche, más brillante es la luz.

Para empezar, *empiece donde está y con lo que tiene.* No desprecie el día de los pequeños comienzos.[22]

Una de las señales de los últimos días es que quienes rechazan la verdad de Jesucristo recibirán «un poder engañoso, para que crean la mentira».[23] Los hombres que aman la injusticia rechazan la verdad en Cristo y creen falsedades, sea que no asistan a

---

22   Zacarías 4.10.
23   2 Tesalonicenses 2.11.

una iglesia o que sean parte de ella. Se van a perder la venida de Cristo porque estarán siguiendo «portentos engañadores», filosofías inmorales, «verdades profundas», manifestaciones extrañas y personalidades carismáticas.[24] Es una tragedia. *El amor por la verdad es la prueba del verdadero cristianismo.*

Una ilusión parece real pero carece de substancia o realidad, como un espejismo en el desierto que el hombre que se está muriendo de sed trata de alcanzar. Siempre está allí pero nunca se encuentra ni se alcanza. Parece real solo porque los hombres son engañados. La «imagen» que los hombres adorarán en los últimos días no tiene que ser física; no será más que una ilusión.

Solo la verdad es real. Se requiere fuerza para resistir las sutiles seducciones que podrían engañarnos y llevarnos a la distracción y a la destrucción. Son tan astutas, tan tentadoras, tan atractivas, y tan desastrosas. Asegúrese que las señales que usted sigue apunten hacia Jesús.

---

24   2 Tesalonicenses 2.3,4,9,10.

PENSAMIENTOS FINALES

- Los cambios siempre ocurren, pero no siempre son para bien.
- Lo que el mundo no pueda controlar, lo descriminalizará y legalizará. Lo que la iglesia no pueda controlar, lo racionalizará y sicologizará. Lo que los hombres no puedan controlar, lo desmoralizará y lo negociará.
- El Señor siempre construye sobre un positivo. Siempre parte de allí, y siempre termina con eso.
- Mientras más obscura es la noche, más brillante es la luz.
- Empiece donde está y con lo que tiene
- El amor por la verdad es la prueba del verdadero cristianismo.

REFLEXIONES

1. ¿Se ha interesado usted en películas, libros o conferencias que aseguren saber cuándo y cómo será el fin de la tierra?

2. ¿Cómo la envidia de los cananitas sacó a los israelitas del camino en que seguían a Dios? ¿Qué fuerzas hoy están tratando de sacarlo a usted del camino?

3. Al gran evangelista John Wesley le preguntaron: «¿Qué haría usted si supiera que Jesús viene mañana?» Contestó: «Ensillaría mi caballo y me iría a la próxima reunión». ¿Cuál sería su respuesta?

TRECE

◆

COMPAÑERISMO DE LOS QUE NO SE AVERGÜENZAN

El llamado de Dios es a ser hombres de verdad, que es parecerse a Cristo.

EN UNA GIRA ministerial por Australia hace algunos años, el ex jugador de fútbol de la Universidad del Sur de California, Tom Sirotnak, estaba dirigiéndose a la concurrencia en una de las reuniones para hombres. Citando de un pasaje del Antiguo Testamento que prohibía a los hombres sin testículos entrar en el tabernáculo, usó la expresión coloquial masculina que quiere decir *testículos* en su cultura para interpretar el texto como un llamado al valor de ser hombre. «¡Hay que tener [testículos] para ser un hombre!» dijo, con cierta brusquedad.

Yo no había oído a Tom expresar la idea en esa forma, de modo que mientras los hombres todavía estaban bajo la impresión de lo que habían oído, me puse rápidamente de pie y les dije: «Nosotros nunca decimos eso en nuestras reuniones. Hablamos de "gónadas espirituales"».

Los hombres rompieron en carcajadas. Aunque nuestro lenguaje era crudo, entendieron perfectamente lo que queríamos decir.

Dígase en una forma elegante o ruda, lo cierto es que se requiere ser hombre para ponerse del lado de la ley, el orden y, sobre todo la *santidad*, en el día y la hora que estamos enfrentando.

Hay igual número de hombres que se sienten incómodos con el lenguaje coloquial que quiere decir *testículos* que hombres intimidados por la palabra *santidad*. Desde el comienzo, he dicho que este libro no es para los perezosos ni para los hipócritas. Es para hombres.

Yo no soy un hombre rabioso. No estoy disgustado con el mundo, ni con mi padre ni con el gobierno. No estoy enojado con la gente. Pero sí estoy enojado con las actitudes, con la mediocridad. Estoy enojado conmigo mismo por mis pecados, y me arrepiento públicamente ahora mismo, como lo he hecho antes en privado. Estoy furioso con la cobardía de los hombres que no tienen suficiente espina dorsal para mantenerse erguidos por Cristo. Estoy furioso con el espíritu de orgullo de hombres que se alzan en insurrección o se degradan en sedición para echar del púlpito a hombres de Dios. Estoy enojado con el celo de los ministros que no pueden ver cómo otros tienen éxito.

Estoy enojado por la forma en que algunos hombres desaprueban los métodos nuevos solo porque no encajan en sus propios moldes y temen negar los resultados. Estoy enojado con la complacencia con que los hombres aceptan menos que lo que Cristo pagó en el Calvario. Estoy enojado con el engaño que hace a los hombres pensar que sentir remordimiento o lamentarse es lo mismo que arrepentimiento. Estoy enojado con los hombres blandos de espíritu que permiten a los abortistas obtener millones de dólares en subsidios del gobierno federal para enseñar a sus niños «sexo seguro», cómo usar condones y cómo conseguir un aborto sin el consentimiento de sus padres, que ni siquiera van a votar ni asisten a las reuniones de la junta de la escuela para clamar por justicia.

Estoy enojado con la arrogancia de los medios de comunicación que pagan millones de dólares a burladores para que denigren a Jesucristo, promuevan la promiscuidad, alienten la violencia y al mismo tiempo condenen los ministerios cristianos por el dinero que reciben para alejar a los hombres de las drogas, restaurar matrimonios y rescatar vidas de las mismas perversidades que ellos condenan.

Estoy enojado con la mezquindad en el corazón de los hombres que hace que den solamente a los ministerios que «los bendicen» a ellos y no a aquellos que están en la línea de fuego por Cristo.

Sí, estoy enojado. Pero los apáticos no lo están. Ellos no se inmutan respecto a los aconteceres de nuestro día; no se apasionan por el evangelio; no sienten deseos de alcanzar al mundo mientras aun se puede; no tienen la voluntad de gastar de su tiempo, talentos y recursos para predicar la cruz; no desean perder sus vidas por Jesús. No, esos hombres no están enojados. Ellos son menos que hombres de verdad, porque han perdido el sentido de que Dios puede producir en sus vidas los frutos de la hombría.

Hay un tiempo para el justo enojo. Jesús lo sintió y lo demostró cuando encontró a los cambiadores de dinero en el templo de su Padre.[1] Al expresar su enojo, nos dio el modelo de un enojo justo que es aceptable ante los ojos de Dios.

Hoy hay «cambiadores de dinero» que están robando a la iglesia, no solo financieramente, como algunos supondrían, sino porque nos hacen dormitar tranquilamente cuando la nación se está muriendo; porque anulan nuestro celo a través de sobreentrenarnos para alcanzar perfección; porque apagan nuestro sentido de justicia con programas y planes que pretenden hacer de los malos gente «buena» y de los buenos, «mejores», sin considerar la cruz de Cristo ni el poder resurrector de su sangre que transforma a todos los que creen en su nombre.

Hay miembros de las juntas que no respetan a los ministros ungidos por el Señor; miembros amargados de iglesia que promueven disensiones sin discernir lo que es santo; predicado-

---

1   Lucas 19.45,46.

res ignorantes que dicen que la Biblia está «equivocada», y creyentes fundamentalistas «fanáticos»; odiosos que se dicen creyentes pero que matan con sus palabras a los profetas y creen que le están haciendo un servicio a Dios; gente nacida de nuevo que dejan que una doble manera de pensar los arrastre a la charlatanería sin teología porque su comprensión del cristianismo les hace cosquillas en los oídos y los libera de la responsabilidad de seguir el camino recto y angosto de la santidad.

Enfrentarse a estas fuerzas, tanto en el dominio espiritual como en el humano, requiere del espíritu de un Daniel. Estos no son tiempos para voluntades frágiles, espíritus suavizados, fláccida carnalidad, hombres indecisos que profesan el justo nombre de Cristo aunque no se someten a su señorío. Los que transigen perderán sus vidas en estos tiempos peligrosos en más que una forma: usted puede morir espiritual, financiera, marital, socialmente, y en miles de otras formas antes de morir físicamente.

Dios nos llama a ser hombres de verdad, que es parecerse a Cristo. Su llamado a los hombres no es para que consideren su vida importante, sino para que consideren que Jesús vale más que la vida misma.

El pastor Bob Moorehead me envió una copia del siguiente compromiso, que escribió mientras ayunaba y oraba por su congregación. Aunque sé de otros que reclaman la autoría de esta promesa, le animo a que la haga suya, no poniendo su nombre que certifique que usted la escribió, sino para que haga de este inspirado desafío su himno de cada día.

Soy parte de la «Fraternidad de los que no se avergüenzan». Los dados ya han sido lanzados. La decisión ha sido tomada. He cruzado la línea. No voy a mirar atrás, ni ceder, ni aminorar, ni volverme ni callarme.

Mi pasado está redimido, mi presente tiene sentido, y mi futuro es seguro. He decidido terminar con mi vida baja, mi caminar por vista, mis planes limitados, mis rodillas suaves, mis sueños incoloros, mis visiones dóciles, mi hablar mundano, mi dar insignificante y mis metas pequeñas.

Ya no necesito preeminencia, prosperidad, posición, ni ser promovido, ni aplausos ni popularidad. No tengo que tener la razón, ni ser el primero, ni el superior, ni el reconocido, ni el alabado, ni el respetado ni el premiado. Ahora vivo por fe, me apoyo en su presencia, amo con paciencia, vivo por la oración y trabajo con poder.

Mi rostro es firme, mi paso es rápido, mi meta es el cielo, mi camino es angosto y difícil, mis acompañantes son pocos, mi Guía es confiable, y mi misión es clara. No me puedo vender, ni tranzar, ni desviar, ni nada me puede ahuyentar, ni hacer volver atrás, ni engañar ni retrasar. No me voy a acobardar frente al sacrificio, ni voy a dudar en presencia de la adversidad, no me voy a sentar a negociar con el enemigo, no voy a detenerme a considerar mi popularidad ni voy a serpentear en el laberinto de la mediocridad.

No voy a desistir, callar, aflojar ni reducir el paso sino hasta que haya terminado mi trabajo por la causa de Cristo. Soy un discípulo de Jesús. Debo perseverar hasta que Él venga, hasta caer agotado, predicar hasta que todos hayan escuchado y trabajar hasta que Él me diga basta. Y cuando Él venga por los suyos, Él no tendrá problema en reconocerme. Mi enseña es clara: Soy parte del «Compañerismo de los que no se avergüenzan».

Sea un hombre de Dios. Un miembro del compañerismo de los que no se avergüenzan. Levántese a una nueva vida por Jesucristo. Adopte el espíritu de un Daniel. Sea un hombre osado que conoce a su Dios y que hace proezas para glorificar su nombre.

¡Hoy es su día!

◆

REFLEXIONES

1. ¿Se ha puesto usted alguna vez furioso por algo que ha visto en el mundo? ¿Trató de hacer algo al respecto?

2. ¿Qué nuevos hábitos debe desarrollar para ser un hombre fuerte?

3. Anote su propio credo de lo que cree acerca de Dios **y** usted mismo.